Österreichische Galerie · Belvedere
Wien

Prestel Museumsführer

Österreichische Galerie · Belvedere Wien

Prestel München · New York

Österreichische Galerie · Belvedere
Prinz Eugen-Straße 27, A-1037 Wien

Öffnungszeiten
Dienstag – Sonntag 10 – 17 Uhr

Außenstellen
Atelier im Augarten,
Gustinus Ambrosi-Museum
Scherzergasse 1A, A-1020 Wien

Beethoven-Fries von Gustav Klimt
Secession, Friedrichstraße 12, A-1010 Wien

Belvedere – Tonbandinformation
Tel. 0222/79 55 7-333
Informationen über aktuelle
Ausstellungen und Aktivitäten
der Österreichischen Galerie · Belvedere

Informationen,
Führungsvereinbarungen
Tel. 0222/79 55 7-167
Fax 0222/79 55 7-130

Presseinformation
Tel. 0222/79 55 7-113

Buchhandlung/Shop
Öffnungszeiten wie Museum

Café Belvedere
Öffnungszeiten wie Museum

Bibliothek
Öffnungszeiten
Montag – Freitag 10 – 12 und 14 – 16 Uhr
Tel. 0222/79 55 7-232

Verwaltung,
Wissenschaftlicher Dienst
Tel. 0222/79 55 70
Fax 0222/79 84 337

Inhalt

Die Geschichte der Österreichischen Galerie

Die Österreichische Galerie ist jenes Museum, dessen Sammlungen den besten und vollständigsten Überblick über die österreichische Kunst bieten. Dieser Überblick reicht vom Mittelalter bis zum heutigen Tag und schließt eine große Zahl von Hauptwerken aus allen Epochen mit ein. Das Museum Mittelalterlicher Kunst ist ebenso ein Teil der Österreichischen Galerie wie das Barockmuseum oder die ausgedehnten Sammlungen der Kunst des 19. und 20. Jahrhunderts, die darüber hinaus einen kleinen, jedoch exquisiten Bestand internationaler Kunst einschließen.

All das ist im Wiener Belvedere beheimatet, einem Ensemble von zwei Palästen in einem Parkareal, das zu einem großartigen barocken Gesamtkunstwerk verschmolzen ist. Der Bauherr war Prinz Eugen von Savoyen. Die Bedeutung seiner Persönlichkeit als Feldherr und Diplomat, als Diener und Vertrauter dreier Kaiser, als Förderer der Künste und Wissenschaften äußert sich bis heute in den Gebäuden, ihrer architektonischen Gestaltung und ihrer Ausstattung. Als er im Jahr 1736 starb, hinterließ er kein Testament. Der einzige noch lebende Sproß der Familie war Eugens Nichte Victoria, die sich später mit Prinz Joseph Friedrich von Sachsen-Hildburghausen vermählte. Sie wurde Universalerbin des gewaltigen Nachlasses, was sich sehr bald als großes Unglück erwies; denn sogleich versuchte Victoria, soviel vom Inventar des Schlosses wie möglich zu Geld zu machen. Die wertvollen antiken Statuen aus Herkulaneum wurden an den Dresdener Hof verkauft, die unschätzbare Gemäldesammlung per Katalog in alle Winde zerstreut und sogar die Menagerie, die in ganz Europa berühmt war, aufgelöst. Zum Glück fand Kaiser Karl VI. eine Möglichkeit, wenigstens die Bibliothek des Prinzen Eugen zu erwerben; sie wurde zum zentralen Bestand im großen, von Fischer von Erlach erbauten Prunksaal der Kaiserlichen Hofbibliothek (heute Nationalbibliothek). Erst im Jahr 1752 konnte Maria Theresia die beiden Schlösser mit Garten erwerben. Sie hatte dies schon früher tun wollen, um hier ihre Sommerresidenz einzurichten, doch waren die Forderungen der Eugenschen Erbin stets zu hoch gewesen. Erst jetzt erhielt das Ensemble den Namen ›Belvedere‹ – eine Bezeichnung, die wohl nicht besser hätte gewählt werden können. Da aber eine ständige Nutzung fehlte – inzwischen hatte sich Maria Theresia entschlossen, Schönbrunn als Kaiserliche Sommerresidenz weiter zu nutzen –, fanden nur gelegentlich Veranstaltungen und Feste im Belvedere statt; das prächtigste im Frühjahr 1770 anläßlich der Vermählung Maria Antoinettes mit dem Dauphin, dem späteren König Ludwig XVI.

Die Lage änderte sich grundlegend, als Josef II. ganz im Sinne der Aufklärung im Jahre 1776 (noch zu Lebzeiten seiner Mutter Maria Theresia) den Entschluß faßte, die reichen Bestände der Kaiserlichen Gemäldegalerie von der Stallburg – einem Teil der Hofburg in der Inneren Stadt – in das Obere Belvedere zu übertragen. Der Basler Christian von Mechel besorgte die Einrichtung beziehungsweise Hängung nach künstlerischen Schulen und verfaßte den ersten Katalog. 1781 wurde die Galerie eröffnet. Das Obere Belvedere wurde damit zu einem der ersten öffentlich zugänglichen Museen in Europa. Schon zwei Jahre zuvor war der Park auf Wunsch Maria Theresias für die Allgemeinheit geöffnet worden. Solange die Kaiserliche Gemäldegalerie im Oberen Belvedere verblieb, nämlich bis 1891, agierten berühmte und verdiente Maler als Direktoren. Unter ihnen ist besonders Friedrich Heinrich Füger hervorzuheben, der bedeutendste Maler des österreichischen Klassizismus. In die Jahre seines Direktorats (1806-18) fiel die schwierige Phase der

Verlagerung der Gemälde während der französischen Besetzungen Wiens 1805 und 1809, die Verschleppung vieler Werke auf Befehl Napoleons und ihrer (nicht ganz vollzähligen) Rückführung im Herbst 1815. Erst unter Füger wurden die offenen Arkadenbögen im Erdgeschoß des Oberen Belvedere durch verglaste Holztüren geschlossen. Das Untere Belvedere diente zunächst als Wohnung verschiedener Mitglieder des Kaiserhauses, seit 1815 wurde hier die Kaiserliche Kunstsammlung aus Schloß Ambras bei Innsbruck in gedrängter Form untergebracht. Auch ein zweiter Direktor der Gemäldegalerie des 19. Jahrhunderts ist besonders hervorzuheben: Johann Peter Krafft, 1828 von Kaiser Franz I. persönlich berufen, der sich bereits als Schöpfer großer Gemälde mit Ereignissen aus der jüngeren österreichischen Geschichte und aus dem Leben des Kaisers verdient gemacht hatte. Krafft betrieb die Restaurierung des Belvedere und des Parks, wobei er seine Aufgabe vor allem darin sah, der Funktion der gesamten Anlage unter Wahrung, Pflege und Ergänzung der vorhandenen Substanz gerecht zu werden. Dieses Unternehmen kann als eindrucksvolles Beispiel früher – und auch aus heutiger Sicht als gelungen anzusehender – Denkmalpflege bezeichnet werden. Derselbe Johann Peter Krafft war es auch, der sich um die Präsentation der zeitgenössischen heimischen Kunst bemühte; er widmete eine Hälfte des zweiten Stockwerks im Oberen Belvedere diesem Bereich. Im Jahr 1834 wurde ein Teil der Kaiserlichen Antikensammlung in den großen Saal des Unteren Belvedere verlegt, wodurch das Gedränge der Schauobjekte noch beträchtlich vermehrt wurde. Eine Serie von köstlichen Aquarellen gibt von dieser Situation – und vom regen Besuch dieser Sammlungen – ein beredtes Zeugnis. Der Bau des neuen Kunsthistorischen Museums an der Ringstraße leitete eine ganz neue Ära ein. Denn von 1891 an, als die Gemäldegalerie als letzter Teil der Kaiserlichen Kunstsammlungen in das neue Haus übertragen wurde, trennt sich ihre weitere Geschichte von den Wegen des Belvedere, um das es nun für einige Jahre wieder still wurde. Allerdings nur bis 1897, denn in diesem Jahr erwählte man das obere Schloß zur Residenz des österreichischen Thronfolgers Franz Ferdinand. Dieser war bei der Adaptierung des Gebäudes bestrebt, den barocken Charakter des Ensembles auch bei den neuen, Wohn- und Bürozwecken dienenden Einrichtungsgegenständen zu unterstreichen. Dafür verwendete man das Stichwerk von Salomon Kleiner als Vorlage und Anregung. Zugleich wurde das Schloß jedoch auch den modernen Gegebenheiten angepaßt, indem zum Beispiel die Elektrifizierung installiert und eine Zentralheizung eingebaut wurde.

Nach der Ermordung des Thronfolgers am 28. Juni 1914 in Sarajewo verwaiste das Obere Belvedere erneut für einige Jahre. Das untere Schloß hatte jedoch bereits seit 1903 eine neue Bestimmung erhalten. Die unmittelbare Geschichte der Österreichischen Galerie beginnt in diesem Jahr, als nämlich die neue ›Moderne Galerie‹ in diesem Gebäude Räume westlich des Marmorsaals als Provisorium bezog. 1901 war die Gründung dieses ersten staatlichen Museums in Österreich vom Kunstrat des Kultusministeriums beschlossen worden, und nachdem man konkrete Pläne für einen Museumsneubau (u.a. von der Hand Otto Wagners) verworfen hatte, entschied man sich für diese vorläufige Lösung. Die seit 1897 bestehende ›Vereinigung bildender Künstler Österreichs – Secession‹ hatte von Anfang an die Gründung einer Modernen Galerie gefordert und insofern praktische Geburtshilfe geleistet, als sie dem neuen Museum noch vor dessen Eröffnung einige bedeutende Werke zeitgenössischer Kunst widmete: etwa *Die Ebene von Auvers* von Vincent van Gogh oder *Die bösen Mütter* von Giovanni Segantini. Der Bestand an Kunstwerken, die im Unteren Belvedere ab 1903 gezeigt wurden, setzte sich zunächst aus diesen und anderen Widmungen, aus staatlichen Ankäufen, die seit 1851 im Hinblick auf die Gründung einer Modernen Galerie getätigt wurden, sowie Leihgaben aus städtischen Sammlungen und solchen des Landes Niederösterreich zusammen. Eine eigene Kommission trug Sorge für die Erweiterung der neuen Sammlung. So wurde zum Beispiel das Gemälde *Der Kuß* von Gustav Klimt bereits 1908, im Jahr seiner Entstehung, angekauft. Erst 1909 wurde mit Friedrich Dörnhöffer ein eigener Direktor bestellt. Unter seiner Leitung, die er bis 1914 innehatte, begann der systematische Aufbau der Sammlung. Nun nahm auch die Idee Gestalt an, über die Erwerbung und Präsentation zeitgenössischer Kunst hinaus, die Kunst Österreichs vom Mittelalter bis zur Gegenwart gesamthaft darzustellen. Diese bedeutende programmatische Erweiterung fand in dem neuen Namen des Museums, ›K. K. Österreichische Staatsgalerie‹ ihren Widerhall. Noch war die räumliche Beschränkung groß, denn noch immer stand nur ein Teil des Unteren Belvedere zur Verfügung. Nach dem Ende des Ersten Weltkrieges, in den Jahren 1920 und 1921, fand eine völlige Neuordnung des Museums statt. Das Konzept dazu stammt aus der Feder des Kunsthistorikers Hans Tietze, geschah im Auftrag des Kultusministeriums und ging mit einer Umbenennung in ›Österreichische Galerie‹ einher. Direktor war seit 1914 Franz Martin Haberditzl (bis 1938). Das neue Konzept Tietzes, das von Haberditzl mit viel Verständnis und auf sehr einleuchtende Weise umgesetzt wurde, sah eine Gliederung in ein ›Barockmuseum‹ im Unteren Belvedere, in eine ›Galerie des 19. Jahrhunderts‹ im Oberen Belvedere sowie in eine ›Moderne Galerie‹ in der Orangerie vor. Das große obere Schloß stand nun zur Verfügung, nachdem es nach dem Zerfall der Monarchie von der Republik übernommen worden war. Diese Abteilungen öffneten ihre Tore nacheinander, 1923, 1924 und 1929. Kunstwerke des österreichischen Barock wurden aus dem Kunsthistorischen Museum in das Belvedere übertragen. Werke des 19. Jahrhunderts waren schon seit 1851 für die ›Moderne Abteilung‹ der Kaiserlichen Gemäldegalerie angekauft worden. Sie wurden ebenfalls an die Österreichische Galerie abgegeben. Es war Haberditzls Überzeugung, die neuere und neueste Kunst des Landes in Verbindung mit Werken bedeutender europäischer Künstler zu zeigen, um auf diese Weise den Vergleich zu ermöglichen und Beziehungen zu dokumentieren. Trotz bedeutender wirtschaftlicher Schwierigkeiten in diesen Jahren konnten wichtige Beispiele vor allem der deutschen und der französischen Kunst erworben werden. Haberditzls Nachfolger, Direktor Bruno Grimschitz, gelang es, viele während des ›Dritten Reiches‹ als ›Entartete Kunst‹ gefährdete Kunstwerke durch Schließung der Modernen Galerie zu retten. In den letzten Kriegsjahren waren die Sammlungen ausgelagert. Im Oktober 1944 erlitt der Westtrakt des Oberen Belvedere durch eine Bombe schwere Beschädigungen; im Februar 1945 traf den Westflügel des Unteren Belvedere das gleiche Schicksal.

Nach Jahren der Restaurierung konnten im Februar 1953 das Barockmuseum im Unteren Belvedere, im Dezember das Museum mittelalterlicher Kunst in der Orangerie und im Juli 1954 die Sammlungen des 19. und 20. Jahrhunderts im Oberen Belvedere eröffnet werden.

Im Mai 1955 stand das Obere Belvedere im Mittelpunkt eines bedeutenden historischen Ereignisses: An diesem Tag unterzeichneten die Außenminister Frankreichs, Großbritanniens, der Sowjetunion, der Vereinigten Staaten von Amerika und Österreichs im Marmorsaal des Oberen Belvedere den ›Österreichischen Staatsvertrag‹, der dem Land nach zehn Jahren Besetzung die Freiheit und Unabhängigkeit brachte. Die allgemeine Situation der Nachkriegszeit – die wiedererlangte Eigenstaatlichkeit des Landes einerseits, die Besetzung durch die vier Siegermächte andererseits – macht es verständlich, daß eine ausschließliche Präsentation österreichischer Kunst wieder im Vordergrund der Überlegungen stand. Im Hinblick auf dieses Ziel wurde die Sammlung französischer und deutscher Kunst des 19. und des frühen 20. Jahrhunderts an das Kunsthistorische Museum abgegeben, von wo – sozusagen im Gegenzug – der Bestand an mittelalterlicher österreichischer Kunst an die Österreichische Galerie übertragen wurde. Eine neuerliche inhaltliche Veränderung, das heißt eigentlich eine teilweise Revision dieser Maßnahmen von 1953, vollzog sich 1987: Der Bestand an internationaler Kunst, der seit 1967 als ›Neue Galerie‹ des Kunsthistorischen Museums in einer Raumflucht der Stallburg ausgestellt war, wurde der Österreichischen Galerie rückübergeben. Dem Zug der Zeit folgend, können nun wieder die Beziehungen der heimischen Kunst des 19. und frühen 20. Jahrhunderts zu gleichzeitigen internationalen Entwicklungen aufgezeigt werden, um auf diese Weise Gemeinsamkeiten wie Besonderheiten hervorheben zu können.

Im Jahr 1978 fand die Österreichische Galerie eine Erweiterung durch die Hinzufügung des im Nordostteil des Augartens gelegenen ›Ambrosi-Museums‹ (vgl. S. 188 f.). 1992 wurden die großzügig angelegten, in den fünfziger Jahren

erbauten ehemaligen Ateliers des Bildhauers Gustinus Ambrosi (1893-1975) für Ausstellungszwecke adaptiert. Seither finden dort viermal jährlich Ausstellungen statt, die meist jüngeren Künstlern gewidmet sind.
Nach mehreren Jahren der Planung begannen im Herbst 1991 umfangreiche Erneuerungsarbeiten im Rahmen einer Finanzierungsinitiative, die unter dem Namen ›Museumsmilliarde‹ bekannt geworden ist. Dächer, Fassaden und Bauplastik des Oberen und Unteren Belvedere wurden einer grundlegenden Restaurierung unterzogen. Im Inneren wurden jene Strukturen verbessert und neu geschaffen, die nötig sind, den Museumsbetrieb in diesen nicht ursprünglich als Museum errichteten historischen Gebäuden nach heutigen Gesichtspunkten abzuwickeln, ohne die wertvolle originale Substanz des Baus, der Architektur und der Ausstattung zu berühren oder gar in Mitleidenschaft zu ziehen. Dazu gehören nicht nur entsprechende Einrichtungen für Besucher wie Shop, Restaurant, eine leistungsfähige Garderobe, Sanitäranlagen, Lifte, sondern auch für den inneren Betrieb: Damit sind Depots, Räume für die Administration und Manipulation, Werkstätten und Ähnliches gemeint. Die Fertigstellung dieser umfassendsten Arbeiten seit der Errichtung des Belvedere ist für das Frühjahr 1996 in Aussicht gestellt.
Die einzelnen Teilsammlungen der Österreichischen Galerie werden bis dahin der Reihe nach wieder eröffnet (nur bei der Sammlung mittelalterlicher Kunst in der Orangerie konnte eine Schließung vermieden werden), wobei sie sich durchwegs mit einer neuen Hängung bzw. Aufstellung präsentieren werden. Den Anfang macht das Barockmuseum im Frühjahr 1995, gefolgt von den Abteilungen ›Wien um 1900/Klassische Moderne‹ und ›Ringstraßenzeit und Historismus‹ im ersten Obergeschoß des Oberen Belvedere sowie ›Klassizismus und Romantik‹ und ›Biedermeier‹ im zweiten Stockwerk. Die Räume des Erdgeschosses im Oberen Belvedere sind nun wechselnden Ausstellungen vorbehalten und dienen zum Teil der Präsentation von Malerei und Plastik nach 1918 aus Sammlungsbeständen.
Die Geschichte der Österreichischen Galerie zeigt, daß sie stets eng mit der Geschichte des Landes, mit seinem Schicksal verbunden war und ist. Eine nicht geringe Rolle spielt dabei auch der Ort, das Belvedere des Prinzen Eugen.
Dieses Museum hat die Aufgabe und das Ziel, die Kunst Österreichs in einem breiten Überblick zu zeigen, sowohl in Teilen der Sammlung als auch durch wechselnde Ausstellungen in einen internationalen Kontext zu stellen und damit zu erläutern. Viele Hauptwerke, die die Kunst dieses Landes hervorgebracht hat, werden in den beiden Schlössern des Belvedere verwahrt und dem Publikum zugänglich gemacht. Es versteht sich von selbst, daß dazu auch die Auseinandersetzung mit der zeitgenössischen Kunst, deren Präsentation und Erwerbung gehört. Das haben unsere Vorgänger getan, und das ist auch unsere Pflicht.

Prinz Eugen und sein Belvedere

Prinz Eugen von Savoyen, der Bauherr der Belvedere-Schlösser und ihres Parks, wurde im Jahr 1663 in Paris geboren. Ursprünglich zum Geistlichen bestimmt (*Le petit abbé*), kam der Sohn eines Prinzen von Savoyen-Carignan und der Olympia Mancini, einer Nichte von Kardinal Mazarin, nachdem Ludwig XIV. seine Dienste verschmäht hatte, mittellos im Jahr 1683 nach Wien und trat in das kaiserliche Heer ein. Schon im selben Jahr zeichnete er sich beim Entsatz von Wien aus, entschied die Schlacht bei Mohács (1687) und errang 1697 den entscheidenden Sieg bei Zenta über die Türken. Um diese Zeit erwarb Prinz Eugen ein Haus in der heutigen Himmelpfortgasse in der Innenstadt, das vom Architekten Johann Bernhard Fischer von Erlach seit 1695 zu einem monumentalen Stadtpalais umgebaut wurde, und kaufte ehemalige Weinberg-Gründe am Rennweg, wo der Mode der Zeit entsprechend ein Gartenpalais vor den Toren der Stadt errichtet werden sollte, das heutige Belvedere. Auch während des ›Spanischen Erbfolgekrieges‹ war der Prinz erfolgreich als Feldherr des Kaisers tätig und gewann, seit 1703 Präsident des Hofkriegsrates, im Jahr 1704 die Entscheidungsschlacht bei Höchstädt über die Franzosen und Bayern. Nach weiteren Siegen gegen die Türken und gegen Frankreich zeichnete sich mit dem Frieden von Rastatt (1714) eine neue Situation ab, die zu einer zukunftsweisenden Stabilisierung führte. Prinz Eugen nutzte diese Entwicklung geschickt und ließ durch seinen Architekten Johann

1 Unteres Belvedere von der Gartenseite

2 Marmorsaal im Unteren Belvedere

Lucas von Hildebrandt vorerst das Untere Belvedere errichten. Der Sieg bei Peterwardein bot endlich die Möglichkeit, daß im Deckenfresko des Marmorsaales des unteren Schlosses in allegorischer Form auf diesen hingewiesen werden konnte: Der Held und Sieger ›errichtete‹ sich auf diese Weise ein erstes Denkmal, bevor diese Aufgabe die signifikante und aussageträchtige Bildsprache des gesamten Schloßkomplexes übernahm. Die Anspielung, die Allusion im barocken Sinne, daß der Prinz in mythologischer Form – meist als ›zweiter Herkules‹ oder ›zweiter Apoll‹ – verherrlicht werden kann, ersetzt die direkte Verbildlichung, der aus Noblesse und verfeinerter Lebenskultur aus dem Wege gegangen wurde. Vor dem Baubeginn des oberen Schlosses, das dem unteren in Symmetrie und Anlage entsprechen, es jedoch übertreffen sollte, war die Laufbahn des Feldherrn durch die ›Schlacht bei Belgrad‹ (1717) bekrönt worden. Sie lebte fortan im bald legendären Volkslied ›Prinz Eugenius, der edle Ritter‹ bis zum Ende der Monarchie fort. Nach dem Frieden von Passarowitz, als Österreich seine größte Ausdehnung im Donauraum erfahren hatte (1718), konnte sich der Prinz ungestört seinem größten Bauvorhaben, der Errichtung des Oberen Belvedere, widmen, das

1721-23 als Steigerung seines ursprünglichen Planes, an dieser Stelle lediglich eine Art Gloriette zu errichten, von Hildebrandt erbaut wurde. Bereits 1719 konnte Prinz Eugen in seinem Garten – in den Quellen ist stets von den Hof-, Lust- und Garten-Gebäuden die Rede – den türkischen Großbotschafter Ibrahim Pascha empfangen, der laut Bericht des Wienerischen Diariums »sowohl das statliche Gebäu als rare Gewächs wie auch Thiere ingleichen die Teiche und Wasser-Künste« besichtigte. Die ungeheuren Summen, die die Terrassierung des Gartens und die Bauarbeiten verschlangen – bisweilen beschäftigte der Prinz bis zu 1300 Tagelöhner –, scheint der Prinz aus seinen Einkünften als Generalgouverneur der österreichischen Niederlande bestritten zu haben, einer Position, die er 1716-24 innehatte. Persönlich reserviert auch gegenüber seinesgleichen, gab der Prinz an Verwalter und Architekten genaue Anweisungen über seine Vorstellungen zum Bau der Anlage, die er von seinen Feldzügen aus bis ins kleinste Detail bekanntmachte. Als politischer Ratgeber dreier Kaiser, Leopolds I., Josephs I. und Karls VI., dessen ›Pragmatische Sanktion‹ er weitgehend mitbestimmte, bewies er als ›philosophe guerrier‹ in der Sicherung der Zukunft des Hauses Habsburg großen Weitblick, aber auch viel Sinn für das Gebot der Stunde. Mit den führenden Geistern seiner Zeit wie etwa dem Philosophen Leibniz in Verbindung, kümmerte er sich neben der Errichtung seiner Bauwerke – so dem Schloß Ráckeve in Ungarn und der phantastischen Gartenanlage um Schloßhof im Marchfeld – um die reichen Bestände seiner Bibliothek, die vor allem im Stadtpalais untergebracht war: Vom Kaiserhaus erworben, bildet der Bestand der ›Prinz Eugeniana‹ ein Herzstück der Hofbibliothek, der heutigen Nationalbibliothek.

Architekt der Anlage der beiden Schlösser war nach dem Ausscheiden Fischer von Erlachs der in Genua geborene kaiserliche Hof-Ingenieur Johann Lucas von Hildebrandt (1668-1745), der als Feldingenieur unter dem Prinzen Eugen in Piemont gedient hatte. Seit etwa 1700 im Dienst des Prinzen, betrieb Hildebrandt die Erbauung des Schlosses Ráckeve in Ungarn und die Vollendung des Wiener Stadtpalastes, bevor

3 Martino Altomonte, **Apoll im Sonnenwagen**,
Marmorsaal im Unteren Belvedere

4 Martino Altomonte, **Apoll und Klythia**,
Paradeschlafzimmer im Unteren Belvedere

er das Untere Belvedere zu errichten begann. Bebaut wurde östlich des Gartens des Palastes Mansfeld-Fondi ein langer schmaler Streifen zwischen dem Rennweg im Norden, einer alten Heeresstraße, die nach Ungarn führt, und dem heutigen Gürtel im Süden, wo sich einst der Linienwall, ein äußerer Schutz Wiens gegen feindliche Einfälle, befand. Das Untere Belvedere mit seinem vorgelagerten Ehrenhof (cour d'honneur) wurde so gesetzt, daß es die ganze Breite besagten Streifens einnimmt. Westlich davon liegt in einem dreieckigen Zwikkel der intime Kammergarten mit dem Pomeranzenhaus (heute Mittelalter-Museum) und dem Marstall-Bereich. Da das Gelände sanft ansteigt, konnte jenseits eines waldigen unteren und französisierenden oberen Parks mit diversen Bassins und Wasserkünsten von dem Le Notre-Schüler Dominique Girard das Obere Belvedere so angeordnet werden, daß sich von diesem aus ein großartiger Blick über die Stadt Wien bietet, wie etwa auch Fischer von Erlach in Schönbrunn I, dem unbestrittenen Phantasiestück des Kaisertums, vorhatte, die Residenz an die Spitze der Anhöhe zu setzen. Da das höchste Vorbild die französische Architektur des 17. Jahrhunderts war, ging es letztlich darum, eine optimale Verschmelzung von Freiraum und Wohnraum herzustellen, um der ›Rekreation‹ genüge zu tun. Zweckmäßigkeit und Eleganz sollten zu einer Einheit zusammenwachsen. Die Ausstattung mit Textilien und Möbeln wie die Anordnung der Bilder und die Wandbespannungen besorgte der kaiserliche Rat und Obrist-Schiffs-Amts-Leutnant Claude Le Fort du Plessy, dem die Rolle des heutigen Innenarchitekten zufiel. Unterrichtet über den ursprünglichen Zustand der einzelnen Räumlichkeiten zur Zeit des Prinzen vor der späteren musealen Nutzung sind wir durch das Stichwerk des kurmainzischen Ingenieurs Salomon Kleiner, das unter dem Titel ›Wunder würdiges Kriegs- und Siegs- Lager deß Unvergleichlichen Heldens Unserer Zeiten Eugenii Francisci Hertzogen zu Savoyen und Piemont‹ in den Jahren 1731-40 erschien. Da das Archiv des Prinzen verschollen ist, nimmt Kleiners Bestandsaufnahme einen großen Stellenwert bei allen Überlegungen ein, die mit der ursprünglichen Funktion des Schlosses und des Parks zusammenhängen. Darin wird der auf der Höhe thronende Fest-Bau, das Obere Belvedere, über dem Parnaß als Sitz der Musen und Quell der Ströme (Hauptkaskade) als olympische Wohnung der Götter mythologisch, aber auch architektur-hierarchisch gedeutet. Die Auffahrt der Karossen und Kutschen erfolgte ursprünglich nicht stadtseitig, d.h. von Norden (wie heute für den Museumsbetrieb), sondern südseitig über den Ehren- (Teich-) Hof, wo der Teich als entwirklichendes Element eingesetzt werden konnte: In ihm erscheint das Schloß als Spiegelbild. Hier war sicherlich Versailles mit den gartenseitigen ›parterres d'eaux‹ mit den großartigen Wasserwerken das bindende Vorbild. So sind die beiden Schlösser untrennbar mit dem Garten verbunden: In der genannten Stichfolge Kleiners wird demzufolge auch »von dem Garten und dessen Gebäuden vor der Stadt Wienn« gehandelt.

Die beiden Schloßgebäude sind fix im Rastersystem der Gartenanlage verankert, sozusagen in sie ›eingelassen‹, und zwar so, daß sie einander wechselseitig bedingen: Ein Schloß verweist auf das symmetrisch entsprechende und umgekehrt. Der lange, schmale Streifen des Gartens bietet die Mög-

5 Balthasar Permoser,
Apotheose des Prinzen Eugen

6 Oberes Belvedere von Süden

lichkeit der ausponderierten Distanz-Setzung, wie auch das Schloß Schönborn bei Göllersdorf von Hildebrandt zeigt, wo die Orangerie eine zweite architektonische Verankerung schafft. Der heutige Eingang von der Prinz-Eugen-Straße (ehem. Heugasse) wurde erst nachträglich im 19. Jahrhundert durch Johann Peter Krafft geschaffen und ermöglicht einen jähen Blick auf das obere Schloßgebäude, leicht schräg über Eck, der den Baukörper weit mehr als der ›Prospekt-Blick‹ Hildebrandts der italienischen Blockbauweise verpflichtet.

Wie die Anlage des Prunkgartens von unten nach oben zu ›lesen‹ ist, so führte die Haupteinfahrt zum Unteren Belvedere (Abb. 1) durch das halbrund eingeschwungene Tor am Rennweg – das Savoyerkreuz im Giebel und die Buchstaben E und S im Gitter verweisen auf den Hausherrn – in den Ehrenhof des unteren Schlosses. Während die Bedientetrakte, im stumpfen Winkel gebrochen, nur spärlich gegliedert sind – Quaderfugen und Bänder schließen an die französische Tradition des Nutzbaues an –, dominiert der Mittelbau – ›Corps des Logis‹ – als der eigentliche Wohn-Palast. Seine Auszeichnung gegenüber den Flankenbauten wurde durch Doppelpilaster, hohe gerahmte Fenster und eine statuenbesetzte Attika bewerkstelligt. Der im Außenbau um einen Halbstock erhöhte mittlere Pavillon enthält im Inneren den Marmorsaal. Er diente der Repräsentation und dem fürstlichen Empfang: Der Besucher trat ursprünglich hier ein (Abb. 2). Rotbraun leuchtet der Stuckmarmor, golden glänzt die Scheinarchitektur, während die Auszeichnung durch gefesselte Türken vor Kriegszeug zwischen Reliefs über Türen und Fenstern erfolgt: Weiß poliert verleihen sie dem Saal festliche Pracht. Weisen die Kaminreliefs allegorisch auf die Kriegstaten des Prinzen Eugen hin – an der Westwand erscheint *Venus bestellt bei Vulkan die Waffen des Aeneas*, an der Ostwand *Venus übergibt die Waffen an Aeneas* –, so wird die Hochwand zwischen dem Struktivgerüst von Marmor und Stucco lustro von einer Scheinarchitektur eingenommen, die den Blick in reale und irreale Räume eintauchen läßt. An der Decke erscheint jenseits einer komplizierten Emporengliederung der freie blaue Himmel, in welchem Prinz Eugen – wiederum in allegorischer Form der Allusion – zwei Mal verherrlicht wird. Das Fresko, das von Martino Altomonte (1657-1745) stammt, führt in der Mitte den Sonnengott Apoll vor, der in seinem Triumphwagen mit den vier vorgespannten Schimmeln einherfährt (Abb. 3), während Aurora, die Göttin der Morgenröte, rosenstreuend den kommenden Tag verkündet. Allen voran ist Phosphorus, der Morgenstern, der das Dunkel der Nacht mit seiner Fackel erhellt. Unterhalb der für den österreichischen Barock so typischen Tages-Nacht-Symbolik, die den Kreislauf des Lebens bedeutet – er wird im 19. und beginnenden 20. Jahrhundert fortgesetzt durch das Werk von Canon, Hellmer oder Klimt –, finden sich auf Wolken thronend die neun Musen (links unten), eine Anspielung auf Prinz Eugens musische Neigungen, die den Künsten und Wissenschaften zugute kamen. Rechts ist ein spärlich bekleideter, ruhender antikischer Held zu sehen, der, umgeben von den Allegorien der Fama und der Stärke – gemeint ist wiederum Prinz Eugen –, von Merkur die Botschaft von einem Geschenk des Papstes Clemens XI. erhält. Es handelt sich um die Verleihung eines geweihten Hutes und eines ebensolchen Schwertes, das den Prinzen nach der gewonnenen Schlacht bei Peterwardein als einen Kämpfer für den wahren Glauben verherrlicht. Dieses wesentliche tagespolitische Ereignis konnte als ›fatto storico‹ gerade noch rechtzeitig in das in Vollendung begriffene Fresko integriert werden. Ein Putto, der ein Spruchband hält, verweist auf das Ereignis mit einem lateinischen Hexameter, der übersetzt lautet: »Großer Genius, nimm die Geschenke Latiums (=des Papstes) willig an und freue dich über sie.« Das darin enthaltene Chronogramm ergibt die Datierung der Vollendung des Freskos mit der Jahreszahl 1716, zugleich Fertigstellung der Bauarbeiten des Unteren Belvedere. Kaiser Karl VI. hat diese Ehrung zum Anlaß genommen, an den Prinzen die charakterisierenden Worte zu schreiben: »Au reste megt ich wohl meinen liben Prinzen in diser Function undt mit den schönen Capl sehen undt in geheimb ein wenig lachen, dan ich Euer Libden Humor in solchen funciones kenne«. Um den Marmorsaal gruppieren sich die Wohngemächer: Links liegt das Tafelzimmer (Speisezimmer), von wo

7 Sala terrena im Oberen Belvedere

8 Carlo Carlone, **Triumph der Aurora** im Gemalten Saal des Oberen Belvedere

aus das Service-Zimmer und das Bilder-Zimmer zugänglich sind. Rechts ist das Parade-Schlafzimmer mit einer in Gold gehaltenen Scheinkuppel (wie die Scheinmalerei des Marmorsaales von den Bolognesern Marcantonio Chiarini und Gaetano Fanti) und zwei Lünettenfresken Martino Altomontes angeordnet, die Tag und Nacht versinnbildlichen: *Apoll und Klythia* (Abb. 4) und *Luna und Endymion*. Das Bett war so angeordnet, daß der Prinz die Herme des Sol beim Erwachen erblicken konnte. Die Wände waren mit Moiré-Seide bespannt und unter dem Gesims mit einem fransenbesetzten Lambrequin abgeschlossen. Von dort führten Zugänge zum Anlegezimmer und zum ›Gemahlten Kabinett‹. Am Ende der westlichen Flucht der Räume, die, ursprünglich Orangerien, heute museal genutzt werden, befindet sich ein weiterer Prunkraum, der ›Groteskensaal‹. Vom Augsburger Spezialisten Jonas Drentwett dekoriert, zeigt er, in der Tradition der Antike und der Renaissance-Groteske eines Raffael stehend, in den Medaillons der Wände die *Drei Grazien* und die *Schmiede des Vulkan* als weibliches und männliches Prinzip, an der Decke die Jahreszeiten und das Walten der Elemente. Längs des sogenannten Kammergartens, der der privaten Verwendung des Prinzen zur Verfügung stand, schließt die kostbar ausgestattete Marmorgalerie an, die neben Spiegeln und Statuen von Domenico Parodi die Antiken des Prinzen Eugen, die sogenannten Herkulanerinnen, beherbergte. Die Frauenstatuen hatte Prinz Eugen 1713 vom General der kaiserlichen Truppen im Königreich Neapel zum Geschenk erhalten: »Diese großen Meisterstücke der griechischen Kunst wurden schon unter den deutschen Himmel versetzt und daselbst verehrt, als Neapel noch nicht das Glück hatte, ein einziges herculanisches Denkmal aufzuweisen. Sie wurden in Portici bei Neapel in einem verschütteten Gewölbe gefunden, da man den Grund grub zu einem Landhaus des Prinzen von Elboeuf, und sie kamen unmittelbar hernach ... in den Besitz des Prinzen Eugen in Wien. Dieser große Kenner der Künste hat, um einen vorzüglichen Ort zu haben, wo dieselben aufgestellt werden, vornehmlich für diese drei Figuren eine Sala terrena bauen lassen, wo sie nebst einigen anderen Statuen ihren Platz bekommen haben.« (Johann Joachim Winckelmann, 1755) Das anschließende ›Goldkabinett‹ (Abb. 5), das ursprünglich im Winterpalais des

9 Prunktreppe im Oberen Belvedere

Prinzen Eugen Verwendung fand und erst nach der Mitte des 18. Jahrhundert in einer Zweitverwendung in das Untere Belvedere übertragen worden war, zeigt auf hohem Niveau die Mode der Spiegelkabinette mit ostasiatischem Dekor auf. Ursprünglich war der Raum wohl als privates Schlafzimmer in Verwendung. Das Bücherkabinett – das Gros an Büchern befand sich in der Himmelpfortgasse – schließt diese intime Achse mit den Privaträumen des Prinzen gegen den Garten hin ab.
Vom Unteren Belvedere wie vom heutigen Zugang an der Nordseite aus erscheint das Obere Belvedere (errichtet 1721-23, Abb. 6) auf der Gartenhöhe als eine bestimmende, abschließende Schauwand, die reich durchgegliedert und mit Attika-Statuen versehen ist. Auffallend ist die bewegte Dachsilhouette, die dem Gebäude mit all den Verzierungen und Knäufen, die zusammenfassen, einen malerischen, fast koketten Charakter verleihen. Ausgezeichnet ist – wie im Unteren Belvedere – der mittlere Pavillon, der zweifach gebrochen sanft vorspringt. Als dröhnendes Introitus-Motiv erhält er die Doppelsäule bzw. den Doppelpilaster zugewiesen. Links und rechts schließt ein weiterer Pavillon an, während ihn zwei niedrigere Flügelbauten mit den oktogonalen Ecktürmen verbinden, die

die ursprüngliche martialische Gebärde in Festlichkeit zu verwandeln scheinen. Gliederung entsteht durch die charakteristischen Scheibenmotive der Pilaster, durch Bandmuster und Blütenschnüre: Flaches Ornament und die großen Öffnungen der Tore und Fenster führen zu einer weitgehenden Entmaterialisierung der Mauerfläche, die vor allem im Fernbild zur vollen Wirkung gelangt (ursprünglich war die diaphane Struktur noch stärker spürbar, da die späteren Verglasungen fehlten). Im Erdgeschoß des Gebäudes findet sich ein querrechteckiger Raum mit abgeschrägten Ecken, die ›Sala terrena‹ (Abb. 7), die von einem kuppeligen Gewölbe, das von Atlanten getragen wird, überspannt wird. Seitlich dieses Gartensaales hat sich von den Sommer- und Gesellschaftszimmern lediglich ein Raum in der alten Form erhalten: der ›gemalte Saal‹, der neben einer Gesamt-Freskierung der Wände ein Deckenfresko mit dem *Triumph der Aurora* von Carlo Carlone (Abb. 8) erhielt: Apoll mit Leier und Diana mit Bogen in den Ecken bezeichnen Tag und Nacht. Das Treppenhaus, wenn auch für museale Zwecke verglast (Abb. 9), weist die ursprüngliche Gestalt auf. Ein mittlerer Lauf zwischen

10 Kamin-Bild im Marmorsaal des Oberen Belvedere

Wangen führt zu einem Zwischenpodest, von dem aus zwei gegenläufige Arme bis zur Höhe des Festsaales emporführen. Die Volumina des Treppenhauses simulieren ein Prunkzelt. Als Stuckdekorationen wurden Themen aus der Geschichte Alexanders des Großen in Anspielung auf den Großmut des Siegers Prinz Eugen gewählt: Neben dem *Tod des Darius* erscheinen die *Frauen des Darius vor Alexander dem Großen* (das Stuckrelief mit der *Zerschlagung des Gordischen Knotens durch Alexander* fehlt heute). Das Herz der Anlage bildet der doppel-geschossige Marmorsaal (Abb. 10), dessen feierliche Pracht schon in der Farbenwahl des Rot, Braun und Gold zum Ausdruck kommt: »Hierauf kömmt man in den grossen Saal, so zwey Etagen hoch, dessen Plafond al fresco ungemein schön gemahlet, das Seul-Werck der Wände aber starck vergoldet ist. Aus demselben hat man den schönsten Prospect, so wohl in den an diesem Pallast liegenden Garten, als auch nach der Stadt zu, welche man von hier, nebst einen grossen Theil der Vorstädte, gantz übersehen kann. Der Bothen ist mit rothen Marmor gepflastert, und alles auf das magnifiqueste eingerichtet, daß an solchen nichts gespahret worden, was nur etwas zur Propreté und Magnificence bey tragen kan« (Küchelbecker). Als erste Antichambre hatte er ›Magnificence‹ auszustrahlen, wie das der Zeitgenosse gesehen hat. Fremdländisch in dieser Pracht wirken die Kaminbilder, die seltene Tiere, nämlich ein Straußenpaar (Abb. 10), eine Hyäne, Antilope und Kasuar, zeigen; Bananenstaude, Agave und Kakteen vermitteln Exotisches. Sie weisen auf des Prinzen Vorliebe für Zoologie und Botanik hin (wie die Menagerie, die östlich des oberen Schlosses eingerichtet wurde und die Glashäuser). Das Deckenfresko, von der Hand Carlo Carlones 1721 entstanden, führt den siegreichen Feldherrn vor, der unter dem Wappen von Savoyen thront, das Chronos enthüllt. Mars, das Banner mit dem Doppeladler schwingend, überreicht ihm den Siegeskranz. Die östlich des Marmorsaales gelegenen Räume, die eigentlichen Repräsentationsräume des Prinzen, werden aus der Reihe Anti-chambre, Konferenz-, Audienzzimmer, Bibliothek und Schlafzimmer gebildet, wie es dem ›fürstlichen Appartement‹ der Zeit entspricht, das die genannten Räumlichkeiten aufzuweisen hatte. Das Konferenzzimmer, das für den Chef der ›Geheimen Konferenz‹ und den Präsidenten des Hofkriegsrates, der Prinz Eugen war, eine unbedingte Notwendigkeit war, weist ein noch heute vorhandenes Dekkengemälde von Giacomo del Pò auf: Es feiert die Tugenden des Feldherrn. Im Audienzsaal empfing Prinz Eugen in seiner Eigenschaft als Präsident des Hofkriegsrates im Jahr 1731 den türkischen Botschafter Nasif Mustapha, der die Thronbesteigung von Sultan Mahmud offiziell bekanntgab. Von der Bibliothek aus konnte – und kann man – über eine Empore die alte Palastkapelle betreten, deren Deckenfresko von Carlo Carlone und deren Altarblatt mit der Darstellung der Auferstehung Christi von Francesco Solimena stammt. Das Chronogramm über dem Altarbild *Pax mundo resurrectio Christi* verweist auf die Fertigstellung des Bauwerkes: 1723. Der Rundgang westlich des Marmorsaales diente praktischen Zwecken des Mahles und der Belustigung; er beinhaltete das Tafel-, Kaffee- und Spielzimmer und eine Bildergalerie, ein weiteres Schlafzimmer und ein Servis-Zimmer bzw. ein Buffet. In der Bildergalerie, die die gesamte Breite der Westfront einnahm, in der man sich wohl ambulierend nach dem Mahl aufhielt, hingen die italienischen Werke aus der Gemäldesammlung des Prinzen mit Werken von Tizian und Guido Reni (wenn nicht in der Galleria Sabauda in Turin, heute in der ganzen Welt verstreut oder verschollen).

Das Museum mittelalterlicher Kunst in der Orangerie

Der thematische Schwerpunkt der Mittelaltersammlung der Österreichischen Galerie liegt nahezu gänzlich im Spätmittelalter und somit vorwiegend in der Spätgotik. Auf dem Gebiet der Tafelmalerei und der Plastik läßt sich in einer erstaunlichen Dichte an Haupt- und sogar Spitzenwerken die Entwicklung von der ›Internationalen Gotik‹ (›weicher‹ oder ›schöner Stil‹) der Zeit gegen 1400 bis zum Ausklang der Spätgotik in Österreich (Anfang 16. Jahrhundert) beinahe lückenlos verfolgen. Wenngleich die Sammlung in ihrer Stückzahl der Objekte nicht eben unüberschaubar groß ist, so nimmt sie kraft der Qualität ihrer Bestände einen zumindest in Mitteleuropa singulären Rang ein: Vom Meister von Großlobming – einer anonymen Bildhauerpersönlichkeit der beginnenden ›Internationalen Gotik‹ von absolut europäischem Rang – bis zu Rueland Frueauf ist diese zuvor knapp skizzierte Entwicklung in repräsentativen Hauptwerken, die ihr Niveau durchaus auf der Stufe der Zeit bekunden, vertreten. Neben dem Meister der St. Lambrechter Votivtafel, einem ›westlich‹ geprägten Maler der Spätphase der ›Internationalen Gotik‹, können ebenso anonyme aber im Stil faßbare Künstlerpersönlichkeiten wie der Wiener Darbringungsmeister, der Meister des Friedrichs- und der des Andreasaltars und der Meister von Lauffen bestehen. In den Tafelbildern des Albrechtsmeisters (im vierten Jahrzehnt des 15. Jahrhunderts in Wien tätig) ist das Wirken einer zu Hans Multscher, Konrad Witz und Lukas Moser kongenialen Künstlerpersönlichkeit zu erkennen: Auch er wandelte in adäquater Weise Einflüsse der rezenten Erneuerungen in der altniederländischen Malerei zu seinem individuellen Stil um. Ein gleichlautendes Votum kann auch der wenig später wirkende Meister von Schloß Lichtenstein beanspruchen. In Conrad Laib ist einer der führenden Malerpersönlichkeiten aus der Jahrhundertmitte in den Alpenländern zu entdecken. Dieser hauptsächlich in Salzburg tätige Maler, dessen Hauptwerke sonst in der Steiermark vorzufinden sind (Grazer Dombild, Pettauer Altar in der slowenischen Steiermark), verstand sowohl das Verarbeiten der altniederländischen wie auch der italienischen Innovationen (Altichiero)als Entwicklungsfaktoren für seinen persönlichen Stil zu vereinen. Speziell die trotz des ornamentierten Goldgrundes wirkungsvolle atmosphärische Komponente (›sfumato‹ venezianischer Prägung) stellt nördlich der Alpen eine Novität dar. Auf dem Gebiet der Skulptur überstrahlt, neben dem bereits genannten Meister von Großlobming und den noch aus dem 14. Jahrhundert stammenden Skulpturen aus Wiener Neustadt und vom Sonntagberg, das europaweit bedeutendste Schnitzwerk der ersten Hälfte des 15. Jahrhunderts überhaupt, nämlich der *Znaimer Altar*, das Geschehen: Dieses auch in seiner intensiven Polychromierung als Solitär zu bezeichnende Triptychon verrät seine künstlerische Abhängigkeit von der Frühphase der altniederländischen Malerei und wirkt gleichsam als in buntfarbiges Relief umgesetzte Malerei. Dieses Spitzenwerk findet in Skulpturen aus der Werkstatt des vielseitigen Künstlers Jakob Kaschauer seine stilistische Nachfolge. Die auffallend dichte Abfolge westlicher Einflußwogen ist in zeitlich anschließenden Werken zu studieren. Zeitlich begünstigt beherrschen südniederländische Einflüsse in der nordniederländisch variierten Spielart das Reservoir anregender Faktoren. Sie wirken sich beim Wiener Schottenmeister und seiner weitreichenden, bis nach Siebenbürgen – *Altar von Medias* – nachweisbaren Nachfolge sogar mit Resultaten von historischen Neuerungen aus. Neben zwei Tafelbildern des Schottenaltars selbst sind in der Mittelaltersammlung aus seiner Nachwirkung

Tafelbilder des Meisters des Hauser-Epitaphs sowie solche der Meister der Oswald- und der Veitslegende und auch des Martyrienmeisters vertreten. Das bildhauerische Schaffen ist in Österreich ab der Zeit von etwa 1470 durch das Wirken des Nordniederländers Niclaes Gerhaert van Leyden (Grabmonument Kaiser Friedrichs III. im Wiener Stephansdom!), der überhaupt eine zweite ›Internationale Gotik‹ in seiner Nachfolge bewirkte, geprägt. Eine neuerliche Sonderform im Verarbeiten altniederländischer und italienischer Einflüsse (Mantegna) bei ausgeprägt um Zentralperspektive bemühten Bildkompositionen findet sich im Œuvre des Tiroler Malers und Bildhauers Michael Pacher. Diese vielseitige künstlerische Begabung ist durch Spitzenwerke aus allen signifikanten künstlerischen Entwicklungsphasen in der Sammlung vertreten. Seine Tafelbilder aus St. Lorenzen (Pustertal) verraten neben dem Einfluß von Andrea Mantegna auch die Kenntnis von Masaccios Fresken in der Brancacci-Kapelle (Richterthron) in Santa Maria del Carmine in Florenz! Im Zeitgenossen zu Michael Pachers Spätwerk, dem Passauer Maler Rueland Frueauf, erfahren Gestaltungstendenzen aus der Lehrergeneration Pachers ihre ungeahnte Steigerung hinsichtlich der Monumentalisierung der vorzugsweise auf die Figurenkomposition und auf atmosphärische Werte abgestimmten Bildauffassung. Ein 1490/91 entstandener Zyklus von Tafelbildern vertritt in der Sammlung das Spitzenwerk dieses Meisters. Die um zeitgemäßen Status bemühte stetige Auseinandersetzung mit künstlerischen Innovationen findet im Meister des Krainburger Altars bereits jenen Entwicklungsstand, der in manierierender Weise spezifisch spätgotische Formenvorstellungen mit Bildauffassungen der Utrechter Malerei des frühen 16. Jahrhunderts (toniges Kolorit) zu verschmelzen weiß.

Schon aus der knappen sammlungsgeschichtlichen Einleitung dieses Museumsführers ergibt sich, daß in der Mittelaltersammlung keine umfassende, nahezu lückenlos dokumentierende museale Darstellung der künstlerischen Entwicklung im Mittelalter in Österreich erfolgen konnte. Eine derartige signifikante Präsentation epochalen Überblickscharakters, wie dies in der Prager Nationalgalerie (im ehemaligen St. Georgs-Kloster in der Prager Burg östlich des Veitsdomes) in eindrucksvoller Weise möglich geworden war, konnte in der Mittelaltersammlung der Österreichischen Galerie nicht realisiert werden. Zum einen sind – Gott sei Dank – eine große Anzahl mittelalterlicher Kunstwerke nach wie vor in situ, also am Ort ihrer ursprünglichen Bestimmung, zum anderen haben andere Institutionen in Österreich gerade auf diesem Gebiet das ihre getan. Aus diesen Gründen ist, um eine Vorstellung der mittelalterlichen Kunstentwicklung in Österreich authentisch zu gewinnen, neben den Kunstwerken in situ auch der Besuch anderer Museen vonnöten: Außer dem Kunsthistorischen Museum (Schatzkammer) und dem Museum für angewandte Kunst, dem Historischen Museum, dem Dom- und Diözesanmuseum und dem Museum im Schottenstift in Wien sind vor allem auch die bedeutenden Stiftsmuseen zu bedenken. Allen voran sind die Kunstsammlungen des Augustiner-Chorherrenstiftes in Klosterneuburg und des Zisterzienserstiftes in Heiligenkreuz zu nennen. Auch die Kunstbestände des Zisterzienserstiftes Zwettl, des Augustiner-Chorherrenstiftes Herzogenburg und des Benediktinerstiftes Seitenstetten (die zuletzt genannten in Niederösterreich) verdienen ebenso ihre gesteigerte Aufmerksamkeit auch hinsichtlich der Museumsbestände. Das gleiche gilt für das Augustiner-Chorherrenstift St. Florian, das Prämonstratenser-Chorherrenstift Schlägel und das Benediktinerstift Kremsmünster (alle drei in Oberösterreich). Die reichhaltigen und hochbedeutenden Museumsbestände im Benediktinerinnenstift Nonnberg (Salzburg), im Prämonstratenser-Chorherrenstift Innsbruck-Wilten (Tirol) und im Benediktinerstift St. Lambrecht (Steiermark) dürfen in diesem Kontext ebenso wenig außer acht gelassen werden wie die Diözesanmuseen in St. Pölten (Niederösterreich) und Gurk-Klagenfurt (Kärnten) und das Dommuseum in Salzburg sowie die Landesmuseen.

Durch die Verkaufspolitik in einzelnen Phasen in der ersten Republik gelangten beachtliche mittelalterliche Kunstwerke österreichischer Provenienz auch an hochbedeutende ausländische Museen (München, Berlin, Paris, London, New York).

Tiroler Bildschnitzer, **Romanischer Kruzifixus aus Stummerberg im Zillertal**

Tiroler Bildschnitzer
(um die Mitte des 12. Jh. tätig)
Romanischer Kruzifixus aus Stummerberg im Zillertal, um 1160
Erlenholz, Corpus 88,5 x 78 cm
Inv. 5986

Die Kreuzbalken sind wohl mittelalterlich, jedoch nicht mehr die ursprünglichen. Der Typus dieser holzgeschnitzten Skulptur vertritt den seit der karolingischen Epoche (Kruzifix Karls des Kahlen in Alt-St. Peter in Rom, nur in Abgüssen überliefert) traditionellen ›Christus triumphator‹, also den mit weit geöffneten Augen und gekröntem Haupt charakterisierten Überwinder und Bezwinger des Todes: Dadurch ist bereits der Auferstehungsgedanke angedeutet. Lediglich die Neigung des Hauptes und freilich die Haltung mit den leicht abgewinkelten Armen künden von dem Leid des Todes am Kreuz. Die einzelnen Körperpartien sind in betont stereometrischer Blockhaftigkeit gegeben. Die formal verfeinerte Wiedergabe der Binnenmodellierung – etwa der zartlinig angedeuteten Rippen am Brustkorb – stehen dem zuvor genannten Blockcharakter ebenso entgegen wie die Überbetonung der mandelförmigen Augen und die gewundenen Haarsträhnen. Die Art der Knotung des Lendentuches wie auch dessen schildmuschelartige Modellierung der Faltenbahnen bewirken trotz der stilisierenden Anpassung an den Körper betont ornamentale Akzente. Diese Gestaltungsauffassung sowie die angedeuteten Knicke in der sonst eher gelängt anmutenden Körperhaltung lassen für diesen romanischen Kruzifixus eine

Meister von Großlobming, **Verkündigungsengel**

Datierung um 1160 und einen oberitalienischen Einfluß (ähnlich dem Kruzifixus aus San Candido/Innichen in Südtirol) als stilprägenden Faktor vermuten. Dieser Kruzifixus aus dem Zillertal in Tirol, der erst 1973 durch das Museum erworben wurde, gehört zu den wenigen Objekten aus dem Hochmittelalter in dieser Sammlung. Sein ursprünglicher Bestimmungsort ist unbekannt. Es dürfte entweder ein Kreuzaltar oder ein Lettner aus einer der tirolischen Klosterkirchen hierfür in Frage kommen.

Meister von Großlobming
(im letzten Viertel des 14. Jh. tätig)

Im frühen 20. Jahrhundert wurden in der kleinen obersteirischen Dorfkirche von Großlobming (unweit des alten steirischen Domstiftes Seckau) fünf Skulpturen entdeckt, die sich als Hauptwerke der mitteleuropäischen Plastik aus der Frühphase der ›Internationalen Gotik‹ herausstellten. Obgleich der Meister von Großlobming biographisch anonym ist, so ist sein unverkennbarer Individualstil ausgeprägt genug, um ihn aufgrund der stilistischen Analyse in seinem künstlerischen Werdegang einordnen zu können. Von westlichen, also in Frankreich von niederländischen Künstlern entwickelten Spitzenleistungen wie auch von toskanischen Werken knapp nach der Mitte des 14. Jahrhunderts nachhaltig beeinflußten bildhauerischen Schöpfungen am Wiener Stephansdom ausgehend, hat sich eine den tiefliegenden Schwerpunkt bevorzugende Statuarik entwickelt. Psychische Momente und Regungen sind in charakterisierender Weise im Gestalten der Gesichter anteilig.

Verkündigungsengel, um 1380 (?)
Breitenbrunner Kalksandstein, Reste der alten Farbfassung, 78 x 45,5 x 25,5 cm
Inv. 4901

Das Gesicht des Verkündigungsengels vermittelt in seinem lebendigen Ausdruck nicht nur die physiognomisch faßbaren Regungen zur Artikulierung eines Sprechvorganges mittels Reflexes im mimischen Spiel. Es wird auch ein betont schelmischer Charakterzug dem Gesichtsausdruck zuteil: Er hinterläßt den Eindruck, als wüßte er vom menschlich-tragischen Ausgang der Frohbotschaft ob der Gottesmutterschaft Mariens in der Passion Christi. Diese der Porträtkunst adäquate Sensibilisierung der Physiognomie ist zweifellos von Werken des am Pariser Hof tätigen niederländischen Bildhauers Jean de Liège inspiriert.

Heiliger Georg, um 1375 (?)
Breitenbrunner Kalksandstein, Reste der alten Farbfassung, 105 x 44 x 28 cm
Inv. 4891

In der Georgsfigur, die in ihrem Gesichtsausdruck ebenfalls sensualistische Valeurs erreicht, die ein Vibrieren der mimischen Ausdruckswerte zwischen Bangen und Erleichtern signalisieren und somit einen ausdrucksstarken Kontrast zum fletschenden Rachen des Drachens artikulieren, hält der Meister einen zeitlichen Ablauf fest: Die davidisch-knabenhaft zarte Jünglingsfigur des Ritters ist nur im Wissen um die physischen Vorgänge imstande, sich des aufblähenden Monsters zu erwehren. Räumliche Knick- und Drehmomente bewirken eine Achsenverschiebung innerhalb der Figurengruppe, der dennoch eine innere Stabilität

Meister von Großlobming,
Heiliger Georg

Der Meister der St. Lambrechter Votivtafel, **Kreuztragung Christi**

eigen ist. Diese wurde ursprünglich durch die nur noch fragmentarisch erhaltenen flankierenden Mantelzipfel mittels einer gesteigerten Kompaktheit im Kontur – trotz kunstgewerblichen Detailrealismus – verliehen. Was bei der nachweislich 1373 vollendeten Prager Georgsfigurengruppe in Bronzeguß (Prag, Hradschin, heute in der Nationalgalerie im ehemaligen St. Georgs-Kloster), einer berittenen Figur, mit einer Fülle von Andeutungen des Ambientes in ausladender Weise erzielt wurde, hat der Meister von Großlobming in kompakter Konzentration vollzogen. Sowohl in den Achsenverschiebungen als auch im Kontrast von zarter menschlicher Figur und volumenbetontem Tierkörper sind hier wie dort Reflexe von den Skulpturen des Paulus-Sturz-Reliefs vom Singertor des Wiener Stephansdomes zu vermuten.

Die Haltung des stehenden Georg aus Großlobming ist eine Paraphrase auf die berittene der Prager Version.

Meister der St. Lambrechter Votivtafel
(im ersten Viertel des 15. Jh. tätig)
Kreuztragung Christi, gegen 1420 (?)
Fichtenholz, 74 x 50,3 cm
Inv. 4903

Letztlich sowohl im ikonographischen Typus als auch in der bildkompositorischen Struktur wirken noch Gestaltungsdeterminanten der sienesischen Malerei aus der Mitte des 14. Jahrhunderts nach. Andererseits sind in der Artikulierung der Körpervolumina mittels einer nuancierenden Aufhellungstendenz im Kolorit Modi der Prager Malerei der Zeit gegen 1370 nachwirkend. Das Füllen des Bildinhaltes mit artikulierten Körper-Volumina erfordert jedoch, als Ausweitung der sonst flächenfüllend konzipierten Bildtapete, ein Erschließen der Bildtiefe. Dies wird zunächst durch ein in die Bildtiefe sich verdichtendes Figurengedränge erzielt, so daß nur die Hauptfiguren des Vordergrundes unverdeckt bleiben. Weiter trägt auch die Bereicherung an Detailrealismen (Fahnen, Lanzen, Leiter) und ein additives Anordnungsprinzip der Angaben des Szenariums zum gestalterischen Erschließen des Bildraumes wesentlich bei. Die Kompaktheit des Bildgefüges wird einerseits durch die Synchronie des Bodens (den ausgefräst wirkenden Andeutungen eines felsigen Terrains) zu den Konturen der Füße und der Gewandsäume vollzogen, andererseits auch durch das anekdotisch wirkende Verquicken im Durchstoßen der Leiter mit dem Kreuzbalken erreicht. Die Bewegungsrichtungen, gestärkt durch die Neigung des Kreuzes wie auch synchron die der Leiter, schließlich die hoch ausfahrende Stadttorarchitektur (im Gegensatz zum bloß durch die Lanzen gestalteten ›leeren‹ rechten Bildhintergrund), läßt das ephemere Einwirken der themengleichen Szene des Jacquemart d'Hesdin (Paris, Louvre) erkennen. Diese verknappenden Bindungen sind in ihren poetischen Stimmungswerten signifikante Eigenschaften der Wiener Malerei in der Spätphase der ›Internationalen Gotik‹, wie sie auch die Votivtafel aus St. Lambrecht (Graz, Joanneum, Alte Galerie) kennzeichnen.

Wiener(?) Bildschnitzer und Faßmaler,
Wiener Maler (im ersten Drittel 15. Jh. tätig)
Znaimer Altar, gegen 1427(?)
Rahmen Eichenholz, Reliefs Lindenholz, originale, erstaunlich intensive Polychromierung (mit Unterbrechungen 1970-87 von Giovanna Zehetmaier restauriert)
Mitteltafel: 230 x 274 cm,
Flügel je 216 x 124 cm
Inv. 4847

Der an der Sonn- und Feiertagsseite in Reliefs geschnitzte Altar (Triptychon) zeigt im geöffneten Zustand die Geschehnisse des Karfreitags-Evangeliums nach Matthäus. Die zeitlich aufeinanderfolgenden Ereignisse sind synchron zusammengefaßt und durch motivische Einschübe aus einigen auf apokryphen Schriften fußenden Bildtraditionen bereichert: Am linken Innenflügel ist die Kreuztragung Christi dargestellt; die Mitteltafel zeigt den Kreuzestod Christi mit Verspottung und den beiden Schächern bei gleichzeitiger Ohnmacht Mariens sowie die disputierenden Pharisäer, die um den Mantel Christi raufenden römischen Soldaten, das Zurückstoßen der klagenden Maria Magdalena und des Johannes durch einen römischen Henker, den Lanzenstich des Longinus, den römischen Hauptmann (Centurio) in seinem erkenntnishaften Kommentar (»wahrhaft, dieser war Gottes Sohn«) sowie zusehende begleitende Soldaten in teilweise prächtigen Gewändern, deren Mittäterschaft an der Vorbereitung zur Kreuzigung bereits beendet ist (siehe deren Folterrequisiten) und die nun mit ›kommentierenden‹ Blicken dem Geschehen beiwohnen. Der rechte Innenflügel zeigt in unikaler Weise die Kreuzabnahme Christi bei gleichzeitiger Beweinung in Vorbereitung zur Grablegung, ohne daß diese drei bildtraditionellen Phasen in der sonst üblichen simultanen Darstellungsweise (unter Wiederholung der Figuren) gegeben wären. Diese kompakte und konzentrierte Wiedergabe bedingt, daß der trianguläre Aufbau von Kreuz und den beiden Leitern, wovon die vordere vom Kreuzbalken zum Grab (Sarkophag) führt, ein kompositionelles Gegengewicht zum Stadttor in der Kreuztragungsszene des linken Innenflügels bildet. Nicht zuletzt auch hierin kommt die Einheitlichkeit des Entwurfs zur Geltung. Die Bewegungsrichtung der auf den Leitern Agierenden (Joseph von Arimathia und Nikodemus), die

Wiener(?) Bildschnitzer
und Faßmaler,
Znaimer Altar

den Leichnam Christi tragen, wird durch das anekdotische Motiv des von der Leiter herabsteigenden, in Rückansicht (Repoussoirfigur) gegebenen Helfers mit den Nägeln im Henkelbecken unterstrichen. Ob in dieser konzentrierten Kompositionsweise der Archetypus für die Version in einem verlorenen (aber durch eine zeitgenössische Kopie verläßlich überlieferten) Frühwerk des Meisters von Flémalle repliziert vorliegt (dort sind die Vorgänge von der Kreuzabnahme und der Beweinung bereits auf beide Seiten des mittigen Kreuzes geteilt), oder ob neuerlich eine spezifische Note der in verknappender Konzentration der bildlichen Schilderung entstehenden poetischen Werte, wie sie für die bildenden Künste in Wien zu Beginn des 15. Jahrhunderts charakteristisch sind, tonangebend ist, muß vorläufig offen bleiben. Die letztlich aus der sienesischen Malerei des 14. Jahrhunderts tradierte, episodenreiche Kreuzigungsdarstellung im Gedränge (Pisa, Camposanto, heute im Museo delle Sinopie) ist in ein ausgeklügeltes System von in sich verklammernden und entgegengesetzten Figurengruppen verwoben. Dieses Gegeneinandersetzen und Verquicken von in sich geschlossenen Gruppen, die sich einem größeren Ganzen stimmig einordnen, verweisen auf die künstlerische Herkunft des Meisters aus jenem Milieu der Prager Malerei, die in der *Mannah-Lese* im Kreuzgangsfresko des Prager Emmaus-Klosters (Na Slovanech, um 1360) unter italienischem Einfluß gestaltprägend wurde. Im *Znaimer Altar* ist dieses kompositionelle Gestaltungsprinzip jedoch durch auffallend rezente westliche Eindrücke von der Wende des 14. zum 15. Jahrhundert und der unmittelbar anschließenden Zuwendung zur bildlichen Darstellung neuer Realitätswerte aktualisiert worden: Die einstige Kapelle

eines bevorzugten Jagdschlosses des Burgunder-Herzogs Philipps des Kühnen (Philippe le Hardi) ist in einer zeitgenössischen Paraphrase im nahegelegenen Bonnet-le-Château überliefert (der originale Zyklus ist nicht mehr erhalten). Gehört dieser in der Figurenauffassung wohl noch der ›Internationalen Gotik‹ der Zeit um 1400 an, so sind die Figuren im *Znaimer Altar* in ihrer behäbigen Körperlichkeit, in den ausdrucksstarken Physiognomien wie auch in den detailreichen Gewandmotiven von für damals völlig neuartigen Realitätsauffassungen gekennzeichnet. Die erwähnte burgundische Jagdschloßkapelle war hinsichtlich der Bildkomposition für die Folgezeit, dank des prominenten Eigentümers und führenden Mäzen, offensichtlich von nachhaltig prägender Wirkung. Der Stil des *Znaimer Altars* ist von jenen frühen Werken, die von den an französischen Höfen tätigen altniederländischen Künstlern unter Nachwirkung des in Bonnet-le-Château faßbaren Zyklus der verlorenen Ausstattung der burgundisch-herzöglichen Jagdschloßkapelle geschaffen worden waren, entscheidend beeinflußt. Auffallend sind die Querverbindungen zu Werken des Meisters von Flémalle und zum bedeutendsten Meister des Turiner Gebetbuches (Hubert van Eyck). Somit ist eine Weiterbildung des Meisters des *Znaimer Altars* in jener Region anzunehmen. Speziell die Gestaltung der Reitergruppen und die Ornamentierung des Goldgrundes lassen Parallelen dieses Altars in einem Triptychon (Kreuzigung auf der Mitteltafel) des Klausenburger Malers Thomas de Coloswar (heute Esztergom, Ungarn) feststellen, wie auch in der Darstellung des Domherrn als Stifter die Figurenauffassung des *Znaimer Altars* bereits faßbar ist. Die Datierung des ungarischen Triptychons auf 1427

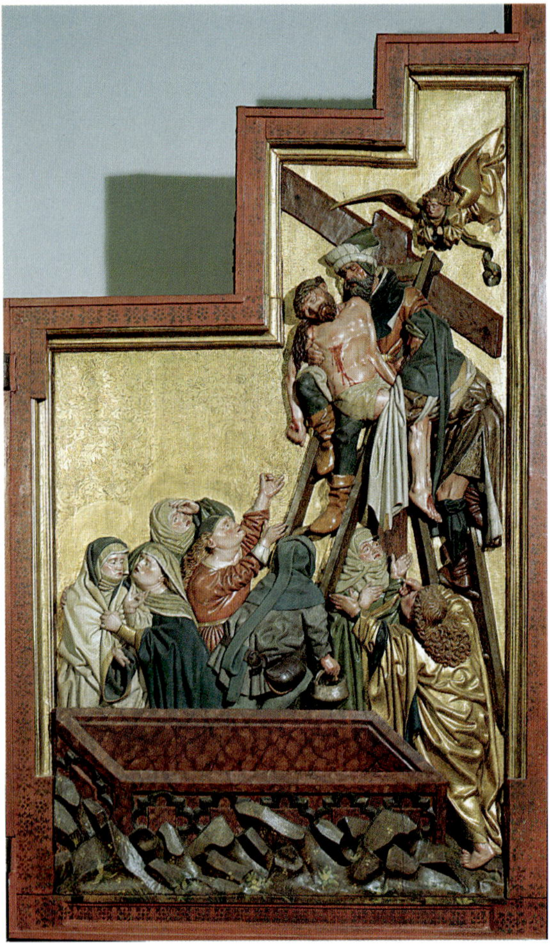

Wiener(?) Bildschnitzer und Faßmaler, **Znaimer Altar**

kann auch für die Entstehung des *Znaimer Altars* als Richtwert gelten. Dank der Tafelmalereien an den Außenflügeln, die (wie der Restaurierbericht ergab) der letzte Arbeitsgang an diesem in seiner Polychromierung solitären Altar gewesen sein muß, die unverkennbar in der letzten Phase der ›Internationalen Gotik‹ in Wien noch zu setzen sind, ist dieser Altar in Wien (und gewiß auch für eine Wiener Kirche) geschaffen worden. Sind die Malereien der Außenflügel als kontinuierlich aufeinander folgende Szenen in der Art eines Fastentuches disponiert, so zeigt der Altar im geöffneten Zustand ein unvergleichliches, engmaschiges Figurengeflecht als Relief von malerischer Wirkung. Tatsächlich sind die Schnitzereien offensichtlich nach Gestaltungsprinzipien einer Tafelmalerei konzipiert worden. Gleichzeitig wurde auch auf die Formgelegenheit des Flügelaltars als Triptychon insofern Bedacht genommen, als im geöffneten Zustand ausschließlich Reliefs von intensiver Polychromierung gegeben sind. Diese wurden, um das Triptychon auch schließen zu können, jeweils auf der Mitteltafel und auf den Seitenflügeln in gleichmäßige Vertiefungen gesetzt. Eingedenk des kompositionell nach Gesichtspunkten einer Tafelmalerei konzipierten Figurenensembles war es daher notwendig, die Figuren der vordersten (intendierten) Raumschicht nur flachreliefhaft darzustellen. Die Figuren der mittleren Raumschicht konnten in ihrer Plastizität stärker ausgearbeitet werden. Eine detaillierte Betrachtung des Schnitzwerkes läßt unschwer erkennen, mit welch staunenswerter Konsequenz dies auch durchgehalten wurde. Die intensive Polychromierung umfaßt nicht nur die Fülle ornamentaler Gewandmuster, sondern auch die Intensität der Inkarnate. Weiter kontrastiert sie zum in Punziertechnik ornamentierten Goldgrund. Die wogend verlaufende Konturierung der Figurengruppen findet in der Staffelung der profilierten Rahmung ihre geometrisierende Entsprechung.

Conrad Laib
(1440-1460 tätig)
Kreuzigung Christi, 1449
Fichtenholz, 179 x 179 cm
Inv. 4919

Diese namentlich faßbare Künstlerpersönlichkeit hat 1448 das Bürgerrecht in Salzburg erlangt und anstelle einer Steuer (›Pfenning‹, siehe die Inschrift am Pferdesattel unter dem Kreuz) das 1449 datierte Kreuzigungsbild gemalt. Zu dieser Kreuzigungstafel wurden mehrere Tafeln als Aufsätze (hll. Hermes und Primus im Museum Carolino Augusteum in Salzburg) sowie Flügelbilder (im Patriarchalischen Klerikalseminar in Venedig und im Bischöflichen Palais in Padua) als zugehörig vermutet. Es ist in dieser vielfigurigen Kreuzigung nicht nur der Einfluß von Altichieros Kreuzigungsfresken in San Giorgio und im ›Santo‹ in Padua in ihrem dichten Figurengedränge in kompositioneller Hinsicht zu beobachten, sondern – und das trotz des traditionellen punzierten Goldgrundes – die atmosphärische Wiedergabe des ›venezianischen sfumato‹ mittels Lasuren auffallend. In seinem späteren Hauptwerk, dem Grazer Dombild von 1457, ist das proportionale Verhältnis zwischen den Figuren des Vorder-, Mittel- und Hintergrundes in ausgewogenerer Skandierung erfolgt, wie auch dort eine kühne Steigerung gegenüber dieser Salzburger Tafel von 1449 zu erkennen ist.

Conrad Laib, **Kreuzigung Christi**

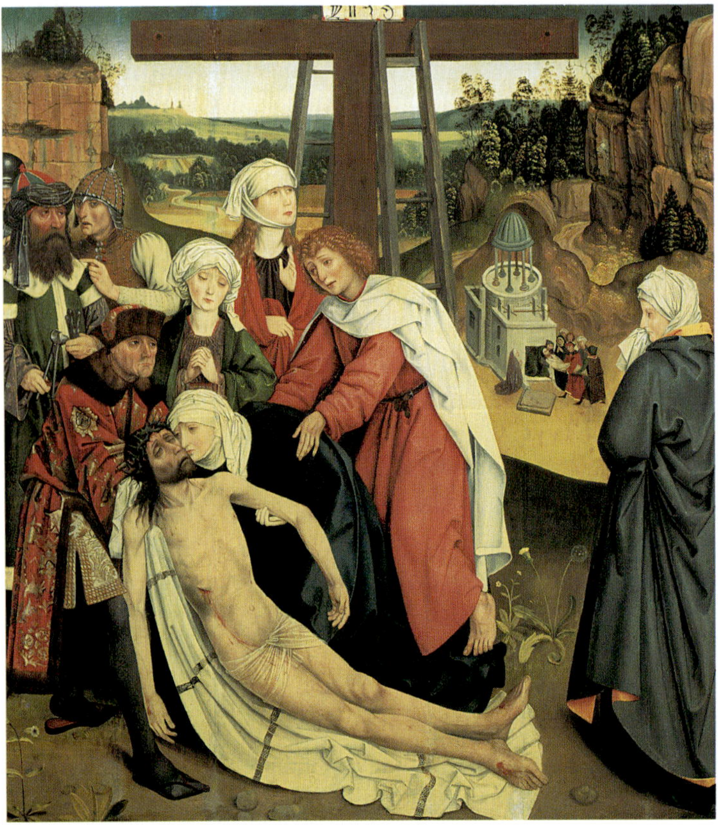

Der Meister des Wiener Schottenaltars, **Beweinung Christi**

Meister des Wiener Schottenaltars
(im dritten Viertel des 15. Jh. tätig)
Beweinung Christi, gegen 1469
Eichenholz, 87 x 80 cm
Inv. 4854

Von dem für die Wiener Schottenkirche in der Spätgotik neu errichteten Hochaltar haben sich die Flügelbilder zum großen Teil erhalten (zwei in der Österreichischen Galerie, neunzehn im Museum im Schottenstift). Speziell bei den Passionsszenen der Werktagsseite (1469 in der Szene des Einzugs Christi in Jerusalem datiert) kommt der rezente niederländische Einfluß (Dierick Bouts) ebenso auffallend zur Geltung, wie auch die Umsetzung in den Individualstil deutlich beobachtet werden kann: Bei der *Beweinung-Christi*-Tafel ist in der Hauptfigurengruppe die Anlehnung an ein verlorenes Tafelbild Rogiers van der Weyden (das gewiß damals im Besitz von Eleonore von Portugal, der Frau Kaiser Friedrichs III., war) ersichtlich. Zudem kommt in der gleichsam kommentierenden trauernden Figur rechts, die den Blick zur nächstfolgenden Szene, der Grablegung, frei gibt, die historische Leistung des Schottenmeisters zur Geltung: Demnach erlebt der Betrachter den Bildinhalt aus der Sicht von einer dem Geschehen im Bild beiwohnenden Person.

Michael Pacher
(in der zweiten Hälfte des 15. Jh. tätig)
Josef wird in den Brunnen geworfen,
vor 1498
Zirbenholz, 261 x 85 cm (Fragment)
Inv. 4816

Dieser Tiroler Künstler war eine universelle bildkünstlerische Begabung; seine Werkstatt war im südtiroler Bruneck ansässig, er kannte die niederländischen Innovationen auch vom Oberrhein (Elsaß) her und war, wie die *Vermählung-Mariä*-Tafel in der Österreichischen Galerie erkennen läßt (Einflüsse vom Friedrichsgrab und vom Eheschließungsrelief des ehemaligen Kanzel-Schalldeckels des Wiener Stephansdomes), gewiß auch in Wien gewesen. Vor allem kannte er auch die aktuelle Kunstentwicklung Italiens, in erster Linie Mantegnas, wovon sein akribisches Interesse für perspektivische Studien und deren Integration in die Bildwerke resultiert (so auch in diesem Bild in der genau beachteten einfachen Brunnen-›Architektur‹). Vor Albrecht Dürer wandte er, ähnlich wie zeitlich nur knapp vor ihm Martin Schongauer (in Colmar), das Naturstudium an, und auch ihm gelang bereits eine durchaus dem persönlichen Stil huldigende Verquickung von spezifisch niederländischen und italienischen kontemporären Innovationen. Die fragmentierte Tafel mit einer Szene aus der Josefsgeschichte des Alten Testamentes, vom ehemaligen Hochaltar der heutigen Franziskanerkirche in Salzburg stammend, ist ein Musterbeispiel hierfür, zumal auch die Vorzeichnung teilweise zu sehen ist. Somit kann hier ein Einblick in die künstlerische Arbeitsweise vom Grundieren bis zur vollendeten Ausmalung gewährt werden.

Michael Pacher,
Josef wird in den Brunnen geworfen

Rueland Frueauf der Ältere, **Himmelfahrt Mariens**

Rueland Frueauf der Ältere
(in der zweiten Hälfte des 15. Jh. tätig)
Himmelfahrt Mariens, 1490
Fichtenholz, 209 x 134 cm
Inv. 4844

Möglicherweise verdankt Michael Pacher – nicht zuletzt aufgrund des Erfolges mit seinem Altar in St. Wolfgang (1472-81) – auf Empfehlung des auch in Passau ansässigen Frueauf den Auftrag für die Salzburger Franziskanerkirche (damals Stadtpfarrkirche). Frueauf schuf Altarflügelbilder für den Dom und für die Benediktiner-Stiftskirche St. Peter in Salzburg, von dessen Werktagsseite die *Himmelfahrt Mariens* mit beinahe lebensgroß gemalten Figuren stammt (signiert und datiert 1490 – bei diesem Altar waren die Szenen mit der Passion Christi und ornamentiertem Goldgrund ausnahmsweise auf der Sonntagsseite gestaltet). Die Szene der Himmelfahrt Mariens ist nahezu ausnahmslos mit menschlichen Figuren – einem ›Figurengebäude‹ – gebildet, die luminaristischen Effekte lassen erkennen, wie der mystische Vorgang von den Aposteln subjektiv erfaßt wird.

Das Barockmuseum im Unteren Belvedere

So sehr im 17. Jahrhundert grundgelegt wurde, was im 18. Jahrhundert zur monumentalen Ausführung gelangte – man denke innerhalb der Disziplin Architektur an die Errichtung des Salzburger Domes, an die Tätigkeit der Jesuiten oder des Hofes in Wien mit der Errichtung des Leopoldinischen Traktes –, so ist die Gattung der Malerei des Frühbarock im Barockmuseum der Österreichischen Galerie eher spärlich vertreten. Das mag damit zusammenhängen, daß viele Ensembles, vor allem die an der Decke in Stuck eingelassenen Leinwandbilder, in situ verblieben sind, aber auch damit, daß sie, meist düster in der Farbgebung – man sprach auch von den ›Tenebrosi‹ –, unattraktiv für den Sammler waren.

Politisch ist das 17. Jahrhundert vor allem seit der Regierungszeit Kaiser Leopolds I. (1658-1705) dadurch gekennzeichnet, daß das Habsburgerreich zur europäischen Großmacht aufstieg. Die Türken waren mit Hilfe des Prinzen Eugen entscheidend geschlagen worden: Nach dem Entsatz von Wien, der Entscheidungsschlacht bei Zenta beendete der Friede von Karlowitz (1699) vorläufig die Türkenkriege. Der Kaiser, dessen musische Neigungen bekannt waren, förderte neben dem Theater vor allem die italienische Oper und machte Wien zum Mittelpunkt der europäischen Musikwelt. In der Folgezeit ging man daran, Wien auch als Residenzstadt auszubauen. Neben einer Reihe von neu errichteten binnenstädtischen Adelspalais und Kirchen wurde im Hofburgbereich ge baut, was einen ersten Schritt in Richtung des monumentalen Hochbarock bedeutete. Als bleibenden städtebaulichen Akzent stiftete der Kaiser im Jahr 1680 die Pestsäule am Graben, welche die ›pietas austriaca‹ aufzeigt. Auch die Jesuiten spielten traditionell (seit 1560) eine bedeutende Rolle, indem beispielsweise die Jesuitenkirche festlich ausgestattet wurde. Der dort als Freskant und Tafelbildmaler beschäftigte Andrea Pozzo widmete sein architekturtheoretisches Traktatwerk dem Kaiser.

Im Barockmuseum liegen Beispiele der religiösen Historienmalerei durch das Werk von Johann Spillenberger (1628-1679) vor, das aus der Graf Attemsschen Sammlung in Graz stammt, durch das des Franz Carl Remp (1674-1718) wie durch jenes von Karel Skréta (1610-1674) aus Prag, dessen drastische *Verspottung Christi* deutlich an Caravaggio anschließt. In gewissem Sinne dem 17. Jahrhundert zugehörig sind noch Peter und Paul Strudel, deren Gründung einer Kunstakademie eine nicht zu unterschätzende Auswirkung für das 18. Jahrhundert haben sollte. Als Landschaftsmaler war Anton Faistenberger (1663-1708) tätig, der venezianische Elemente und solche der Salzburger Landschaft miteinander verband. In der Bildhauerei beeindruckt Meinrad Guggenbichler (1649-1723), der als Stiftsbildhauer in Mondsee eine der größten Begabungen des werdenden Hochbarock darstellt. Martin und Michael Zürn (nachweisbar bis nach Mitte des 17. Jhs.) sowie Hans Waldburger (1570-1630) zeigen auf, wie die Formkraft der Nachgotik und neue Elemente einer bodenständigen Plastik eine Symbiose eingehen.

Kaiser Joseph I., seit 1690 römischer König, war zu kurzfristig Regent (1705-11), als daß man feststellen könnte, welche Auswirkungen seine Kunstpolitik tatsächlich hatte. Er setzte einerseits den ›Spanischen Erbfolgekrieg‹ siegreich fort, zugleich versuchte er die kaiserliche Macht im Reich zu stärken. Daß er mit dem führenden Architekten des Hofes, Johann Bernhard Fischer von Erlach, an einer ›Überresidenz‹ für Schönbrunn gearbeitet hat, belegt, wie hochfahrend seine Pläne für Wien als Residenzstadt waren.

Mit der Errichtung der Hofbibliothek (1723-35), des Reichskanzleitraktes und der Winterreitschule setzte Kaiser Karl VI. (reg. 1711-40) die monumentale Stadterneuerung des Hofviertels seiner Vorgänger fort. Er war es auch, der in der Person Gundacker Graf Althanns (1665-1747) einen Vollstrecker seiner baukünstlerischen Verlangen gefunden hatte. Darüber hinaus ist er als Initiator der Errichtung der Karlskirche (ab 1713), des bedeutendsten Sakralbaues des österreichischen Barock, in die Geschichte eingegangen. Unter seiner Herrschaft erreichte die Habsburger-Monarchie nach den Siegen des Prinzen Eugen über die Türken ihre größte Ausdehnung. Mit der Festsetzung der umkämpften ›Pragmatischen Sanktion‹ versuchte er die Nachfolge für die spätere Kaiserin Maria Theresia zu sichern. Nach dem Tod Strudels stellte der Kaiser im Jahr 1725 die Akademie als künstlerisches Bildungsinstitut wieder her: Seit diesem Zeitpunkt unter Jacob van Schuppen nach Pariser Vorbild erneuert, war sie das zentrale Organ für die künstlerische Produktion im Kaiserstaat.

In der Sammlung des Barockmuseums ist die religiöse und mythologische Historienmalerei zahlenmäßig am reichsten vertreten. Martino Altomonte (1659-1745), Johann Michael Rottmayr (1654-1730), Daniel Gran (1694-1757) und Paul Troger (1698-1762) sind mit Tafelbildern wie mit Entwürfen für Freskenzyklen und Altarblättern präsent. Viele der qualitätvollsten Werke stammen aus kaiserlichem Besitz und wurden seit Eröffnung des Barockmuseums (1923 als erste Teilsammlung der Österreichischen Galerie nach dem Ersten Weltkrieg) in dieses integriert. Neben den Österreichern kommen auch italienische Künstler wie Carlo Carlone und Francesco Solimena, böhmische wie Hartmann und Grund oder süddeutsche wie Franz Anton Zeiller, Januarius Zick, Thomas Christian Winck und Johann Evangelist Holzer zur Geltung, was unter anderem die weitläufigen Beziehungen des kaiserlichen Hofes kennzeichnet. Gleichfalls vertreten ist das für die Barockzeit so typische Repräsentationsporträt: Diejenigen von Martin van Meytens (1695-1770), Franz Anton Palko (1717-1766) und Johann Gottfried Auerbach (1697-1743) bestechen durch ihren malerischen Aufwand ebenso wie Jan Kupetzkys (1667-1740) und Christian Seybolds (1697-1768) Leistungen mit ihrer psychologischen Durchdringung des Dargestellten. Landschaften von Joseph Orient (1677-1747), Maximilian Joseph Schinnagl (1697-1762) und Franz de Paula Ferg (1689-1740), das Gesellschaftsstück eines Johann Georg Platzer (1704-1761) und Franz Christoph Janneck (1703-1761) sowie Stilleben und Tierstücke runden die Sammlung ab.

Innerhalb der Bildhauerei stellt der Mehlmarktbrunnen von Georg Raphael Donner (1693-1741) den zentralen Akzent im Marmorsaal des Unteren Belvedere dar. Gegen die Konkurrenz Lorenzo Mattiellis (1688-1748) vom Magistrat der Stadt Wien in Auftrag gegeben, wurde der in einer Blei-Zinn-Legierung gefertigte und somit verletzliche Brunnen nach mehreren Restaurierungen seit 1921 als Leihgabe des Historischen Museums der Stadt Wien dem Barockmuseum überlassen. Im Paradeschlafzimmer des Prinzen Eugen ergänzen diese Sammlung die feinfühlig-bravouröse Apotheose Kaiser Karls VI. und die Lavabo-Reliefs von St. Stephan, die über die kaiserliche Schatzkammer in die Österreichische Galerie gelangten.

Als Vorläufer Donners kann in seiner Virtuosität Balthasar Permoser (1651-1732) genannt werden, dessen kompliziert komponierte Gruppe des Prinzen Eugen, für ihn selbst in Dresden gefertigt, auch hausgeschichtlich interessant ist. Donners Schüler Balthasar Ferdinand Moll (1717-1785) bringt ein weiteres Ensemble ein: die kaiserlichen Auftragsmodelle für den Doppelsarkophag Maria Theresias und Franz Stephans von Lothringen in der Kapuzinergruft in Wien wie die feine Bildnisbüste des Feldmarschalls Josef Wenzel Fürst Liechtenstein für das kaiserliche Zeughaus. Mehrere kunstvoll gearbeitete Aufnahmestücke für die kaiserliche Akademie mit dem Thema der Minerva als Beschützerin der Kunst vervollkommnen die Sammlung.

Maria Theresia (1740-1780), die als Tochter Karls VI. ein schweres Erbe übernommen hatte, sah sich politisch mit den Ansprüchen König Friedrichs II. von Preußen konfrontiert und mußte nach zwei verlorenen ›Schlesischen Kriegen‹ den größten Teil dieser reichen Provinz abtreten. Im ›Österreichischen Erbfolgekrieg‹ (1740-48) hatte sie sich gegen die Ansprüche Frankreichs, Spaniens, Sachsens und Bayerns zu verteidigen. Ganz auf sich alleingestellt, lediglich durch die Ungarn unterstützt, hatte sie vorerst einen Konsolidierungsprozeß herbeizuführen. Mehr noch als Karl VI. versuchte sie aus der feudalen Ländermasse einen zentral organisierten modernen Verwaltungsstaat zu schaffen. Das bedingte eine Beschränkung der kulturellen Belange, was der reduzierte Ausbau von Schloß Schönbrunn deutlich macht. So war es neben Liotard, den Maria Theresia zeitweise an ihren Hof binden konnte, vor allem Martin van Meytens, der ihre Gunst fand (vgl. die Auftragsarbeiten für Schönbrunn, *Familie des Grafen Nikolaus Palffy*). Es ist bezeichnend, daß dieser weltläufige Künstler, dem jedoch der große Atem der Franzosen fehlte, die Aufmerksamkeit der Kaiserin finden konnte. Ihr Sohn, Joseph II. (reg. 1780-90), setzte seit 1780, dem Todesjahr seiner Mutter, seine Reformtätigkeit im Sinne des aufgeklärten Absolutismus fort. Jedoch wirkten sich diese Reformen nicht nur auf die Beamtenschaft, die Religion – man denke an das ›Toleranzpatent‹ – aus, sondern im Umweg über sein soziales Engagement auch auf die bildende Kunst. So entstanden Gebäude für soziale Einrichtungen wie das Allgemeine Krankenhaus (1784) und das Josephinum (1785) als Ausbildungsstätte von Militärärzten.

Die Gattungen wie die religiöse Historie, das Repräsentationsporträt, die Landschaft und das Stilleben blieben auch im Maria-Theresianischen-Zeitalter sowie in der Ära Josephs II. bestimmend, auch wenn in der zweiten Hälfte des 18. Jahrhunderts ein Hang zur Profanierung deutlich spürbar wird. Der Hauptmeister und große Universalist dieser Epoche war Franz Anton Maulbertsch (1724-1796), der im Tafelbild (vgl. seine *Heilige Sippe*, *Narcissus*) ebenso brillierte wie in der Serie der malerisch besonders reizvollen Bozzetti. Man beachte vor allem die kühnen Entwürfe für die im Zweiten Weltkrieg zerstörten Fresken der Pfarrkirche von Schwechat. Wie Franz Anton Maulbertsch knüpften in dieser Zeit an den späten Paul Troger Maler wie Joseph Hauziger (1728-1786), Caspar Franz Sambach (1715-1795), Joseph I. Mildorfer (1719-1775), Joseph Winterhalter (1743-1807), Franz Sigrist (1727-1803) und Zeiller an, die mit religiösen, aber auch profanen Tafelbildern vertreten sind. Ein weiterer Troger-Schüler, Martin Knoller (1725-1804), schuf mit der *Grundsteinlegung des Concordia-Tempels in Laxenburg* einen neuen Typus einer profanierten Apotheose, indem der Kaiser als reale Person unter etwa zweihundert Menschen aller Stände vorbildlich tätig wird. Wie hier das ›exemplum virtutis‹ greifbar wird, so ist es in Vinzenz Fischers (1729-1810) *Allegorie auf die Übertragung der kaiserlichen Sammlung in das Belvedere* die kaiserliche Kunstpolitik, die von Christian von Mechel getragen wurde. Der volkstümliche Kremser Schmidt (1718-1801), neben Altarblättern und Skizzen mit zwei rembrandtesk ausgemalten Aufnahmestücken für die kaiserliche Akademie in Wien vertreten, huldigt ihr auf seine Weise, wie Maulbertsch sie in dem Bild *Allegorie auf eine Preisverteilung an der Wiener Akademie unter Fürst Kaunitz* als Thema aufgriff. Im Porträtfach beeindruckt Maulbertschs protobürgerliches *Selbstbildnis*. Als bedeutendste Landschafter ihrer Zeit müssen Vater und Sohn Brand (der jüngere stirbt 1795) angesprochen werden. Von letzterem stammt die Serie der *Reiherbeize* aus Schloß Laxenburg, während Franz Edmund Weirotter (1733-1771) in Kleinformaten und in der Stich- bzw. Radierproduktion brillierte. Franz Xaver Messerschmidt (1736-1783), dessen ›Charakterköpfe‹ als eigenwilliger Beitrag einer zukunftsweisenden Physiognomik angesehen werden müssen, hat in seiner Frühzeit das höfische Porträtbildnis der offiziellen Plastik bestimmt. Das zeigen die überlebensgroßen Standbilder Maria Theresias und Franz Stephans von Lothringen in der Marmorgalerie des Unteren Belvedere ebenso wie die Bildnisreliefs Josephs II. und Isabellas von Parma. Können wir in Jakob Gabriel Mollinarolo (1717-1780) noch den Virtuosen alten Stils begreifen, so spürt man in der Kunst Karl Georg Mervilles (1751-1798), vor allem im Entwurf für ein Denkmal Katharinas von Rußland, schon die Verknappung der Form im Sinne des herannahenden Klassizismus, dem sich die österreichischen Maler und Bildhauer jedoch recht lange durch die milde Eleganz eines schönlinigen Barock-Klassizismus zu entziehen verstanden.

Johann Michael Rottmayr, **Beweinung Abels**

Johann Michael Rottmayr (1654-1730)
Beweinung Abels, 1692
Öl auf Leinwand, 191x127 cm
Inv. 4298

Das Gemälde ist als eines jener Gegenstücke konzipiert, wie sie in der Barockzeit im Genre der religiösen Historienmalerei üblich waren. Das Gegenbild, eine *Opferung Isaaks*, befindet sich im Landesmuseum Joanneum in Graz. In beiden Fällen handelt es sich um eine Anspielung auf den Opfertod Christi. Kühn als Akt formuliert, liegt im Vordergrund der erschlagene Kain, wie in einer apokryphen Stelle mitgeteilt, so, daß der Betrachter den Schädel mit der tödlichen Verletzung an der Stirne und das geronnene Blut daneben als Schock empfindet. Den Regeln der Historienmalerei mit dem Anspruch des ›docere‹ und ›persuadere‹ war dergestalt vom Künstler entsprochen worden, wie der Akt makellos in seiner Verspannung im Bildfeld mit den angewinkelten Armen und Beinen bei gleichzeitiger Torsion des Leibes angeordnet ist. Der alte trauernde Adam wie die Eva mit dem Fellkleid – mitfühlend hat sie die Arme erhoben – sind die eigentlichen Pathosfiguren. Beide entsprechen der venezianischen Tradition eines Karl Loth, der für viele deutsche Künstler des 18. Jahrhunderts bestimmend war. Eva steht so, daß sie zu Gott-Vater, der mahnend die Finger erhoben hat – also

alles sieht –, emporblickt. In der Ferne der Landschaft kann man den Brudermörder Kain neben der dunklen Rauchsäule des Altares ausnehmen, der mit zum Himmel erhobenen Armen der Strafe Gottes zu entrinnen versucht. Die Landschaft mit den starken Farben Gelb und Blau in der Tradition von Jan Liss in Venedig erinnert an jene Urwelten, wie sie später Paul Troger in seinen visionären Fresko-Zyklen beschwören wird.
Nach einer Ausbildung in Venedig, wo er sich dreizehn Jahre aufgehalten hat, kehrte Rottmayr nach Salzburg zurück, wo er als fürstbischöflicher Hofmaler Deckenmalereien für die Salzburger Residenz schuf. Seit 1694 in Wien nachweisbar, wurde er mit dem Prädikat ›von Rosenbrunn‹ geadelt. Als weitere Hauptwerke müssen die Arbeiten für die Stiftskirche von Melk, die Wiener Peterskirche und die Wiener Karlskirche genannt werden.

Johann Kupetzky (1667-1740)
Selbstbildnis an der Staffelei, 1709
Öl auf Leinwand, 94 x 75 cm
Inv. 4939

Der Künstler, der ohne Zweifel zu den bedeutendsten Menschendarstellern seiner Zeit zählte, scheint als Persönlichkeit eher zwiespältigen Charakters gewesen zu sein. Er hat alles andere denn ein einnehmendes Wesen besessen und nur auf große Bitten »in familles und nur halb aus Gnade« gemalt. Darüber hinaus idealisierte er

Johann Kupetzky, **Selbstbildnis an der Staffelei**

in den seltensten Fällen und scheute sich nicht, auch Schönheitsfehler festzuhalten. Kupetzky, der sich, wie das auch von Seybold bekannt ist, oft selbst gemalt hat – mindestens achtzehn Mal –, unterhielt ein großes Atelier mit Gehilfen, die Gewänder und Hintergründe malten, während er selbst Kopf und Hände als Träger des menschlichen Ausdrucks gestaltete. In den 80er Jahren des 17. Jahrhunderts begann seine Ausbildung in Wien, bevor er eine Italienreise antrat, die ihn nach Venedig und Rom führte, wo er viel kopierte und schon ein eigenes Atelier unterhielt. 1709 kam er, einer Berufung durch Adam Fürst von Liechtenstein folgend, nach Wien zurück, wo ihn der Adel und der kaiserliche Hof reichlich mit Aufträgen versorgte. 1723 verließ er fluchtartig Wien und ging nach Nürnberg, da er religiöse Verfolgungen wegen seiner Zugehörigkeit zur Sekte der Böhmischen Brüder fürchtete.
Mit dem Orden der Bruderschaft hat sich der Künstler im vorliegenden Porträt dargestellt: An einer Brustkette hängt das Abzeichen, die von züngelnden Strahlen eingefaßte Sonne. Kupetzky, der an einem Porträt arbeitet – dargestellt ist mit großer Wahrscheinlichkeit Prinz Eugen von Savoyen, dessen Künstlerfamilie der Porträtist angehört hat –, blickt spontan vom Malen auf und dem Betrachter direkt und unvermittelt in die Augen. Vornehmer Mantel und pelzbesetztes Barett täuschen nicht über die Profession des Dargestellten hinweg: Die rauhen Hände mit den abgebrochenen Nägeln, Palette mit Pinseln, ein Kästchen mit Flaschen und eine Muschel zum Anmischen der Farben weisen den Dargestellten – Schweiß steht ihm auf der Stirn – als akribischen Handwerker aus, der zum Virtuosen im Kunstfach geworden ist. Caravaggio, die Rembrandt-Nachfolge und die französische Porträtkunst eines Rigaud und Largillière sind für die Bildnisaufträge Kupetzkys bestimmend gewesen.

Martino Altomonte (1659-1745)
Susanna und die beiden Alten, 1709
Öl auf Leinwand, 131 x 107 cm
Inv. 4243

Neben Johann Michael Rottmayr zu den Begründern der österreichischen Barockmalerei zählend, wurde Altomonte in Neapel als Sohn Tiroler und bayerischer Vorfahren geboren, studierte seit 1672 in Rom bei Giovanni Battista Gaulli und später bei Maratti und wohl auch in der berühmten römischen Malerakademie San Luca, der die bedeutendsten Kräfte seiner Zeit angehörten. Nachdem er zuerst Hofmaler bei Johann III. Sobieski in Warschau gewesen war – dort malte er als Schlachtenmaler den Entsatz von Wien –, kam er um 1700 nach Wien, wo er u. a. für den Prinzen Eugen arbeitete. 1716 schuf er die Fresken für den Marmorsaal und das Schlafzimmer im Unteren Belvedere. Daneben haben sich Ölbilder für die Dekoration des Schlosses Augarten (1708) und die Dekkenmalereien in der Sakristei des Wiener Stephansdomes erhalten. 1719-28 arbeitete Altomonte hauptsächlich in Oberösterreich, u.a. für die Ausstattung im Stift St. Florian, aber auch für Stadl-Paura und Kremsmünster. In dieser Zeit wurde sein Sohn Bartolomeo sein Gehilfe und Mitarbeiter, der später in Oberösterreich ein eigenständiges Œuvre hinterließ, das jenes des Vaters, in das Dekorativ-Kleinteilige umgesetzt, fortsetzte. So war der neapolitanisch-venezianische Mischstil und die ›ideale Ebene‹ – eine Art Prospekt-Blick – zur Grundlage für die österreichische Barocktradition geworden. Das Gemälde stellt eines der frühesten Werke eines österreichischen Künstlers in der im übrigen von Italien völlig abhängigen Kunstszene dar. *Susanna und die beiden Alten*, eines der frühesten Tafelbilder des Künstlers, kann als eine seiner besten Leistungen im Fach des historischen Genres angesprochen werden. Das im Barock beliebte Thema – die Szene gilt als Sinnbild der Tugendhaftigkeit der Frau – ist dem Alten Testament entnommen und zeigt den Augenblick, in dem die beiden Alten Susanna im Bad überraschen (Daniel 13). Altomonte schildert die beiden ebenso anschaulich, auch was ihre lebhafte Gebärdensprache betrifft – einer hält den Finger vor den Mund, um zum Schweigen zu gemahnen –, wie Susanna, die sich gegen den Über-

Martino Altomonte, **Susanna und die beiden Alten**

fall zur Wehr setzt: Der Akt der Frau kann dadurch in einer komplizierten Wendung der Glieder erfaßt werden. Dazu passen die raffiniert verrutschten, durchscheinenden Textilien mit dem noblen venezianischen Streifenmuster, die mehr zu enthüllen als zu verhüllen scheinen. Im auffallenden Licht wird jede Spiegelung und der kleinste Reflex im runden Wasserbecken zu einer technisch bewältigten Leistung. Auch der Himmel, der von hinterschienenen zarten Wolken bedeckt ist, hat Teil an diesem lautlosen und doch dramatischen Vorgang.

Daniel Gran (1694-1757)
Aufnahme Dianas in den Olymp, 1732
Öl auf Leinwand, 76 x 110 cm
Inv. 4178

Der Modello entstand als Entwurf für das Deckenfresko im Jagdschloß in Eckartsau (Niederösterreich) und stellt einen ersten Höhepunkt in Grans Schaffen dar. Auftraggeber war Franz Ferdinand Graf Kinsky, der der Widmung des Schlosses entsprechend im Fresko Dianas Wirken und die Jagd verherrlicht wissen wollte. Einerseits an Solimena, andererseits an S. Ricci orientiert, ist in der Mitte des Bildes der Sonnenwagen dargestellt, der von Sonne und Mond hinterschienen ist. Von links nähern sich Apoll und Diana, die Jupiter und Juno, kenntlich an ihren Attributen, entgegeneilen. Unterhalb des Göttervaters erkennt man Minerva mit Helm und dem Schild mit Medusenhaupt, während davor Chro-

nos als Gott der Zeit seine Sense bewegen will und daran von einem Putto gehindert wird. In den Randzonen eingelassen sind die Opferung eines Rehbocks anstelle von Iphigenie und Luna, die ihren Geliebten Endymion besucht, sowie Putti mit Jagdzeug und Hörnern, Pfeilen und Spießen. Ursprünglich im Dienst des Fürsten Adam Franz Schwarzenberg, begab sich Gran »auf eine zweijährige Reyße nacher Welschland«, wo er neben Ricci und Solimena Charles Le Brun studierte, von dem er Stiche gesammelt hat. Wieder in Wien, schuf er als Hauptwerk 1730 die Deckenfresken im Prunksaal der Hofbibliothek (Österreichische Nationalbibliothek), die J. J. Winckelmann hoch einschätzte. Als weitere Werke sind die Fresken der Wallfahrtskirche auf dem Sonntagberg zu nennen wie jene im Kaisersaal in Klosterneuburg, die bereits protoklassizistische Züge aufweisen.

Georg Raphael Donner (1693-1741)
Enns und March, Figuren des Brunnens am Mehlmarkt (Neuer Markt), um 1739
Zinn-Blei-Legierung, 207 x 235 cm
bzw. 121 x 209 cm
Inv. Lg 105/4 bzw. 105/3

1737-39 entstand im Auftrag des Magistrats der Stadt Wien Donners Hauptwerk, der Providentia-Brunnen am Mehlmarkt, den schon der Historiker und Lexikograph Fueßli im Jahr 1802 als den schönsten seiner Art in Wien bezeichnet hat. Auf dem Brunnenpfeiler in der Mitte ist ›Providentia‹ als das ›Gute Regiment‹ der Stadt Wien angeordnet. In einer zierlichen Wendung erfaßt, hält sie in der einen Hand den Schild mit dem Januskopf – dergestalt auf die Wandelbarkeit des Geschicks verweisend –, in der anderen das Schlangensymbol als Zeichen der Unsterblichkeit. Am Rand des Brunnenbeckens lagern die Personifikationen von vier Flüssen, die sich in die Donau ergießen: der Ybbs, der Enns, der March und der Traun. Die *Ybbs* hält als einzige Figur des Brunnens, wie es dem Kontrakt entspricht, eine Urne, aus der Wasser in das Becken fließt. Als früheste der entstandenen Figuren ist sie noch ängstlich bemüht, den Bereich des Brunnenrandes nicht zu verlassen. Dies tut erstmals der Flußgott *Enns*, dessen linkes Bein, gleichsam lässig schlenkernd, Kontakt mit der Wirklichkeit jenseits der Welt des Brunnens aufnimmt. Schilfbekränzt hält er als Attribut das Ruder, so auf die Schiffbarkeit der Enns hinweisend: Auf die Verhüttungsindustrie des Landstriches bezieht sich der Federbund. Wiederum ist die Antike

Georg Raphael Donner, **March**

Georg Raphael Donner, **Enns**

bindendes Vorbild: Man denke an die Liegefiguren des Tiber oder des Nil. Die sensualistische Behandlung des Aktes läßt an Michelangelos Plastiken der Medici-Kapelle in Florenz denken, die Donner bekannt gewesen sein müssen. Die Pose des Entspanntseins bei großer Kraft zeigt sich in der Muskulatur wie in der Haltung der Arme, wie sich beispielsweise die Linke am Felsbrocken abstützt. Im Gegensatz zu den jugendlichen weiblichen Figuren ist hier das Charakteristische des Alters, so Fueßli, dargestellt. Die Figur der *March* ist noch freier in der Auffassung und scheint sich ihrer Schönheit bewußt zu sein. Das Felsstück zu ihrer Seite zeigt die Schlacht der Markomannen und Quaden gegen die Römer, die in dieser Gegend stattfand.

Nach einer Goldschmiedelehre und einer bei G. Giuliani in Stift Heiligenkreuz übersiedelte der Bildhauer 1725 nach Salzburg, wo er als Medailleur und Monumentalbildhauer arbeitete, jedoch keine Anstellung erhielt. Seit 1729 in Preßburg tätig, arbeitete er für den Primas von Ungarn, Emmerich Graf Esterhazy. Es entstanden die Ausstattung der Johannes-Elemosynarius-Kapelle und der Hochaltar des Domes in Preßburg, weiter die *Apotheose Kaiser Karls VI.* (Österreichische Galerie) und die Lavabo-Reliefs von St. Stephan. Nachdem 1739 der Mehlmarktbrunnen vollendet war, schuf er als erschütterndes Spätwerk den Kreuzaltar im Gurker Dom.

Franz de Paula Ferg, **Italienische Landschaft mit Landleuten**

Franz de Paula Ferg (1689-1740)
Italienische Landschaft mit Landleuten
vor 1740
Öl auf Leinwand, 103,5 x 158 cm
Inv. 6619

Unstet und unglücklich war das Schicksal jenes Landschafters, der, in Wien geboren und ausgebildet bei Josef Orient und Hans Graf, ein Wanderleben führte. Vorerst begab er sich 1718 nach Deutschland, wo er mit dem Landschaftsmaler Alexander Thiele in Dresden arbeitete, in dessen Landschaften er die Staffage malte. Über Bamberg, Hamburg und Niedersachsen, wo er für den Herzog von Braunschweig für Salzdahlum arbeitete, ging er 1724 nach London, wo laut Kunstschriftsteller Christian Ludwig von Hagedorn der Höhepunkt seiner Karriere anzusetzen ist. Dort gab er 1726 eine Folge von Radierungen heraus, ›Capricci‹ genannt, die, in der Tradition von Callot und der Italianisanten stehend, zu den erstaunlichen Leistungen der österreichischen Graphik gehören. In London verliebte er sich in die Tochter eines armen Porträtmalers, die nicht nur ränkesüchtig und launisch war, sondern auch zur Verschwendung neigte. Das führte dazu, daß Ferg rasant arbeiten mußte, die Bilder unter ihrem Wert verkaufte und seine Gesundheit untergrub. Diese mißliche Lage führte zu seinem frühen Tod, den er sich sehnlich gewünscht hatte, wie er seinem Freund Thiele schrieb. Nach dem Urteil der Zeitgenossen verdiente Ferg unter den Künstlern einen ehrenvollen Rang: Seine Zeichnung sei richtig, die Stellung gefällig, der Ausdruck stark und die Ausführung von der Leichtigkeit einer Meisterhand. Besonderen Ruhm habe er sich durch die Zeichnung kleiner Figuren in den Landschaften erworben. Der genannte Hagedorn rühmt an Ferg, daß seine Landschaften stets durch schöne Gebäude und den Schmelz der Farben veredelt seien, seine Brunnen die Eigenschaften des Steines, Marmors oder Alabasters, seine zufälligen Risse und Brüche zeigten, sein Landvolk durch den schmeichelnden Pinsel reizend sei.

All die genannten Vorzüge führt das Gemälde vor: Besonders minutiös gemalt ist die Gruppe von Landleuten mit Pferd, Maulesel und Hund, während unterhalb des Steges am Bach Kühe und Schafe zur Tränke geführt werden. Die Landschaft wird eingefaßt durch »interessante Bäume« als Eckbetonung und bekrönt durch ein Kastell, das den natürlichen Abschluß einer Hügelkette bildet. Anläßlich solcher protoromantischer Bilder in zartesten Tönen kann man sich gut vorstellen, daß der Künstler auch als Zeichner für die Porzellanmanufakturen von Meißen und Celsea tätig war.

Johann Georg Platzer (1704-1761)
Samsons Rache, um 1740
Öl auf Kupfer, 76 x 95 cm
Inv. 2410

Platzer nützte das alttestamentarische Thema nicht so sehr, um Samsons Qual nach dem Verrat der Delila zu zeigen, sondern um ein Paradies der Sinne auszubreiten. So finden wir am Boden verstreut Prunkvasen, Amphoren, Musikinstrumente und Früchtestilleben wie Becher verschütteten Weines. All das ist eingebunden in eine monströse Architekturkulisse, die von Piranesi abgeleitet zu sein scheint, auch wenn dessen abgründige Visionen ins Maßlose des Festhauses der Philister übersetzt wurde. Auch die Architekturmalerei der Familie Galli-Bibiena scheint dem Maler als Quelle für seine phantasievollen Historien vertraut gewesen zu sein. Der Blick führt vorbei an stürzenden Säulen und Gebälkstücken über Balustraden und Emporen in die hellblaue Ferne, die jenseits der bedrohlich-stürzenden Trümmer Landschaft und Freiheit bedeutet. Deutlich merkt man dem Bild, das altmeisterlich auf einer Kupfertafel gemalt ist, die Freude an der Inszenierung an, am Kostüm und am Detailrealismus.

Aus Südtirol gebürtig, kam Platzer nach einer Lehre in seiner Heimat über Passau nach Wien, wo er neben seinem Freund, dem Grazer Franz Christoph Janneck, zum bedeutendsten Vertreter des Gesellschaftsstückes avancierte. Diese kamen einem protobürgerlichen Geschmack entgegen und waren ob ihrer Kleinheit und Preziosität beliebte Sammelgegenstände. Der kaiserlichen Akademie entwachsen, fand der Künstler im Sammler Albrecht von Sebisch einen ersten großzügigen Mäzen, der innerhalb kurzer Zeit vierzehn Bilder für sein Kunstkabinett in Breslau kaufte. Von Wien aus belieferte Platzer, den man als den ›österreichischen Goltzius‹ bezeichnet hat, fremde Höfe wie solche in London, Moskau und St. Petersburg mit seinen ausgesuchten Konversationsstücken, Mythologien, Historien und Gesellschaftsstücken. In seiner späten Zeit hielt sich der Maler nach einem Schlaganfall wieder in seiner Heimat in Eppan auf, wo seltsam ›impressionistische‹ Bilder entstanden, die durch einen tupfenden wie verschwimmend wirkenden Farbauftrag gekennzeichnet sind.

Johann Georg Platzer, **Samsons Rache**

Franz Anton Palko, **Selbstporträt**

Franz Anton Palko (1717 ?-1766)
Selbstporträt, 1746
Öl auf Kupfer, 42 x 32 cm
Inv. 7645

Der Künstler war Sohn des Malers Anton Palko, der von Schlesien nach Preßburg gekommen war. Franz Anton war Schüler der Wiener Akademie, bevor er in Preßburg und dann in Brünn eine Werkstatt unterhielt. Im offiziellen Bildnistyp schloß er sich den Franzosen, v. a. Rigaud an, während er in den Gruppenporträts venezianische Vorbilder auch hinsichtlich der hellbunten Farbenwahl aufnahm. Eine gewisse Weitläufigkeit und Gemessenheit im Vortrag sowie gezügeltes Pathos im Handlungsablauf bei verständigem Einfügen überhöhenden Beiwerks sichern dem Künstler einen der besten Plätze in der höfischen Porträtkunst seiner Zeit.

Das verinnerlichte Bildnis, ohne Zweifel für private Zwecke geschaffen, was der Wochenbart wie das lässig um den Hals geschlungene Tuch ebenso unter Beweis stellen wie die Pose des Vor-sich-hin-Starrens mit tief über der Nase sitzender Brille, gehört zu den eindrucksvollsten inoffiziellen Selbstdarstellungen des mittleren 18. Jahrhunderts in Österreich. Es paßt so ganz zu der Beschreibung, wie uns der menschenscheue Künstler, der sich nur schwer zu behaupten wußte, geschildert wird, eben als ›hypochondrisches Talent‹, das sich verbarg, was sich seine Nebenbuhler zunutze machten. Joseph von Sonnenfels erkannte die Begabung des Künstlers und nannte ihn 1768 in dem Werk ›Von dem Verdienste des Porträtmalers‹ zusammen mit den berühmtesten Porträtisten der Vergangenheit, was eine nicht geringe Ehre bedeutete.

Paul Troger (1698-1762)
Christus am Ölberg, um 1750
Öl auf Leinwand, 241 x 157 cm
Inv. 4147

Mit Paul Troger, dessen Kunst noch einmal das Pathetische des italienischen Hochbarock aufleben läßt, findet der spezifisch österreichische Barock seine erste Vollendung, ohne noch das Schema der klassischen Komposition und einer einheitlichen Lichtführung aufzugeben, wie das wenig später Maulbertsch tat. In Welsberg im Pustertal

Paul Troger, **Christus am Ölberg**

geboren, machte Troger eine durchaus italienisch bestimmte Ausbildung in Cavalese durch und arbeitete anschließend in Venedig, Rom, Neapel und Bologna. Die dort aufgenommenen Eindrücke – vor allem werden der lichterfüllte Venezianer G. B. Piazzetta und der dunkle F. Solimena für sein Werk entscheidend – verarbeitete Troger durchaus eigenwillig. Schrittweise gelangte er über Salzburg und St. Pölten, wo er bedeutende frühe Auftragsarbeiten durchführte, in die Residenzstadt Wien, von wo er als Freskant in den niederösterreichischen Stiften, in Melk, Altenburg, Zwettl, Steitenstetten, Geras und Göttweig, aber auch in Mähren und Ungarn tätig war. Als Rektor an der kaiserlichen Akademie übte er einen bestimmenden Einfluß auf die Kunst der Folgegeneration aus. Eines seiner unbestrittenen Hauptwerke *Christus am Ölberg* ist sein ernstestes innerlichstes Werk zu Beginn seiner späten Jahre um 1750. Was dieses Bild vor allem auszeichnet, ist neben der Komposition, die Troger radikal auf die ›zwei Hauptpersonen‹, Christus und den Engel, zentrierte, neben der kühnen gähnenden Leere im oberen Bildfeld, in dem nur andeutungsweise Putti sichtbar werden, die Psychologie der Szene selbst. Durch das Ineinanderlegen der Hände und das Beugen des Hauptes bei geschlossenen Augen intensiviert Troger noch den Aussagewert der Geste als Verbildlichung der tiefen Einsamkeit Christi. Die erklärende Funktion der sonst oft dargestellten Jünger, die den Zusammenhang wohl erweiterten, jedoch nicht vertieften, vermeidet Troger und schafft ohne ›erklärendes Publikum‹ eine Tragödie des Einzelnen als bewußte Reduktion. Die markante Farbenwahl, ein rigoroser Rot-Blau-Akkord, sowie eine bewußt großzügige Faltensprache bei minimaler Brechung der Draperie tragen zur Eindrücklichkeit des Werkes bei. Paul Troger hat das Thema der ›Todesangst Christi‹, wie man die Szene im 18. Jahrhundert genannt hat, wiederholt beschäftigt: das erste Mal während seiner Wanderschaft um 1725 in Bologna, weiter in einer großen Fassung in Stift Seitenstetten, in St. Peter in Salzburg, jedoch besonders auch in der Graphik.

Franz Anton Maulbertsch (1724-1796)
Der heilige Narcissus(?), um 1754
Öl auf Leinwand, 162 x 103 cm
Inv. Lg 17

Deutlich sieht man dem Seitenaltarbild für eine leider nicht bekannte Kirche an, daß sein Hersteller ein geübter Freskant war. Nicht nur die ›hängenden Füße‹ des Engels, die den Freskogewohnheiten entnommen sind, verraten das, sondern auch der Blick von unten in die gleichsam erhöhte Bildwelt. Es als Exerzierstück zu deuten verbietet sich ebenso, wie es als freien Auftrag zu sehen, wurde es doch im Inventar von 1822 schon richtig als ›quadro d'altare‹ gedeutet. Der Kopf des Heiligen mit der kühn aufgestülpten Nase und dem Irr-Licht auf dem Bart entdinglicht diesen und macht ihn zu einem Faktor im Bildgefüge. Weit wichtiger als er ist das Weiß des Chorhemdes in der Bildmitte: Von der Un-Farbe Weiß nimmt der Farbentaumel seinen Ausgang. Darüber flattert das durch Perlen ausgezeichnete goldene Pluviale und die mehrfach gebrochene Stola. Wie der Putto das heilige Buch hält, entspricht der Schule nach Paul Troger, ein weiterer präsentiert das Schwert mit den rinnenden Blutstropfen in der Tradition nach Martino Altomonte. Das Erdenlebenhafte ist stark reduziert: Links außen am unteren Bildrand erkennt man ein grünes Grasbüschel und die Mitra des Bischofs, während rechts außen das Martyrium des Heiligen mit einer Enthauptungsszene stattfindet.
Auch wenn Franz Anton Maulbertschs Karriere als Maler an der kaiserlichen Akademie in Wien begann, hat er es nie zu höchsten Ehren gebracht. Er gewann wohl 1750 einen Ersten Preis und war 1754 zum Mitglied dieses Bildungsinstitutes geworden, wurde 1757 zwar zum Professor vorgeschlagen, doch in diesem Amt nie bestätigt. Sein »allzu kühner Geist« war zu gefürchtet und vom streng Akademischen weit entfernt. Im Jahr 1770 zum Rat ernannt, mußte er mehr und mehr – auch wegen der schlechten Auftragslage in Wien – an die Ränder der Monarchie ausweichen. So haben sich beste Werke seiner Hand neben solchen in Heiligenkreuz-Gutenbrunn und Mistelbach in Niederösterreich in Sümeg, Raab, Steinamanger (Ungarn) und in Nikolsburg, Kremsier, Prag und Innsbruck erhalten.

Franz Anton Maulbertsch, **Der heilige Narcissus** (?)

Johann Georg Dorfmeister (1736-1786)
›Memorial‹, um 1761
Alabastermarmor und verg. Silber, H: 45 cm
Inv. 1778

Der Künstler selbst berichtet einigermaßen ausführlich, wie die Figurengruppe entstanden ist. Sie stellt, so schrieb er in seiner Autobiographie, eine Bittschrift dar und besteht aus drei Figuren, aus Apoll, Minerva und einem Genius. Die beiden Gottheiten, die auf einer goldenen Wolke lagern, stellen allegorisch das kaiserliche Paar Joseph II. und Isabella von Parma dar, die 1760 geheiratet haben. Der Genius ist der Künstler selbst, der seine rechte Hand ans Herz drückt und mit der anderen jene Bittschrift überreicht, auf der folgende Worte stehen: ›Suspice celsa studentem‹. Gemeint war die Erreichung eines Rom-Stipendiums, das jedoch nicht gewährt wurde, worüber sich der Künstler bitter beklagte. Das Thema wurde als Aufnahmestück an kaiserlichen Akademien oft gewählt: Der in kindlicher Gestalt auftretende Künstler stellt sich unter den Schutz Minervas, der Göttin der Weisheit und Kunst. Ähnliche Werke wurden von Schletterer (*Minerva über Neid und Unwissenheit triumphierend*, Österreichische Galerie), Johann Platzer (Modellzimmer, Museum der Schönen Künste in Budapest) und Johann Perger geschaffen. Die entsprechenden Attribute wie der Schild mit dem Medusenhaupt, der Schlägel des werdenden Bildhauers und der Köcher mit den Pfeilen liegen malerisch verteilt auf der Bodenplatte, ebenso die Lyra des Apoll.
Dorfmeister kann als ›Enkelschüler‹ Georg Raphael Donners bezeichnet werden, der dessen monumentale ›edle Einfalt‹ in ein zierliches Spätbarock Wiener Prägung verwandelt hat. Schon 1753 hatte er Donners Brunnen am

Johann Georg Dorfmeister, **›Memorial‹**

Franz Anton Maulbertsch, **Selbstbildnis**

Neuen Markt kopiert, was die Aufmerksamkeit der Akademieprofessoren Matthäus Donner, Balthasar Moll und Schletterer erregte. Nach der Erstellung des Aufnahmestückes, *Luna mit Amor den schlafenden Endymion besuchend* (Österreichische Galerie), arbeitete er für die Wallfahrtskirche am Sonntagberg ebenso wie für die Mariahilfer Pfarrkirche, die Gumpendorfer Kirche und die Wallfahrtskirche in Maria Taferl. Als Spätwerk entstand 1781 schon in den Formen des Zopfstils das Grab des Fürsten Grassalkovich in Besnyö bei Gödöllö.

Franz Anton Maulbertsch (1724-1796)
Selbstbildnis, um 1767
Öl auf Leinwand, 119 x 93 cm
Inv. 3155

Franz Anton Maulbertsch ist einer der vielschichtigsten Maler und Graphiker des österreichischen Barock. Im Seeschwäbischen geboren, kam er mit fünfzehn Jahren nach Wien und verband bald die Anregungen der süddeutschen Malerei mit der höfischen Klassik Wiens. Schließlich führte er aus der religiösen Freskokunst des Barock – sein erstes großes Werk ist die Kuppel

Martin Johann Schmidt, **Venus in der Schmiede des Vulkan**

der Piaristenkirche in Wien-Josefstadt – in die aufgeklärte Bildungskunst des Josefinismus. Das erstaunliche *Selbstporträt* vermag diese Problematik in ihrer Vielschichtigkeit aufzuzeigen: Hatte sich der Künstler im Barock in einer prächtigen Gewandung als Zeichen seiner hohen Stellung als Hof- oder Kammermaler dargestellt, so sehen wir hier das Gewicht verlagert auf den harten Kern, die Realität der künstlerischen Existenz. Ausgedrückt wird sie in Haltung und Pose. Gesicht und Hände werden in einer Vorwegnahme des Expressionismus übersteigert als Ausdrucksträger dargestellt, während Kleidung und Hintergrund eher summarisch behandelt werden. Requisiten der Barockzeit wie die allegorische Figur als Symbol der Kunst, die gedrehte Säule – wohl die Constantia – und schnüreverzierte Draperie verschwinden im Dämmerlicht, während im hellen Licht Skizzenmappe und Pinsel, der auf ein Bildnis weist, erscheinen. Dieses Bildnis, das schon zu vielerlei Deutung Anlaß gab – es wurde als das Jugendbildnis des Künstlers oder als das seines Sohnes verstanden –, hat bis heute keine eindeutige Klärung erfahren. Jedoch liegt auch die Idee nahe, daß es sich um ein Vanitas-Bild handelt, in dem auf die Vergänglichkeit des irdischen Glückes, auch der Jugend, hingewiesen wird. Im Barockmuseum kann das Gemälde überdies mit den zeitlich vorangehenden, aber ebenso ernsten Leistungen eines

Kupetzky, Seybold oder Palko verglichen werden. Als Vorbild für den Bildaufbau muß auf Franz Messmers und Jakob Kohls Bildnis Jacob Schmutzers (1767), des Schwiegervaters Maulbertschs, hingewiesen werden. Eine wichtige Rolle spielt neben der italienischen vor allem die französische Bildniskunst, etwa die Rigauds oder Largillières.

Martin Johann Schmidt,
genannt Kremser Schmidt (1718-1801)
Venus in der Schmiede des Vulkan, 1768
Öl auf Leinwand, 152 x 120 cm
Inv. Lg 191

Der Künstler, der vornehmlich durch religiöse Themen bekannt wurde, wählte diese mythologische Szene als Aufnahmestück an die kaiserliche Akademie in Wien, um sein Können unter Beweis zu stellen. Als Aufnahmestücke wurden besonders jene Themen geschätzt, die nackte Menschen anatomisch richtig darzustellen gestatteten, und zugleich auf die gelehrte Bildung des Künstlers anspielten. Das Gegenstück *Der Schiedsspruch des König Midas zwischen Apoll und Marsyas*, im selben Saal aufgestellt, schließt die Komposition organisch ab. Der in dieser Zeit des endenden Barock aufgekommene Rembrandt-Kult wird durch die beiden Gegenstücke anschaulich dokumentiert (vgl. u. a. die Gestalt hinter Midas). Eine feine und auch auf farblich diffizile Effekte abgestimmte Malerei – man beachte den Kürbis im Vordergrund – verbindet sich mit der Kapriziosität des französischen Rokoko. Größte Gegensätze werden kunstvoll dargestellt: Das seidig-schimmernde Inkarnat, die Grazie der Haltung, die Melancholie des Blickes der Göttin, die ganz bewußt in Anspielung an griechische Antiken gestaltet ist, kontrastieren schärfstens gegen die rauhe Welt der Schmiede des Vulkan. Der zur Unterscheidung vom ›Wiener Schmidt‹ als ›Kremser Schmidt‹ bezeichnete Künstler versuchte in diesem Bild die verschiedenen körperlichen und geistigen Gegensätze im Umweg über den Mythos symbolisch darzustellen.
1718 in Grafenwörth (Niederösterreich) geboren, zählt der Künstler zu den populärsten Barockmalern Österreichs. Zwar übernahm er nicht wie sein genialer Zeitgenosse Maulbertsch Freskoaufträge großen Stils, um so mehr jedoch kultivierte er das klassische Tafelbild (in Form des Altarblattes, des Historien- und Andachtsbildes). Ist sein Schaffen anfangs vom venezianischen Formengut geprägt, so später durch die Kunst Rembrandts, den er in den graphischen Sammlungen der Stifte Dürnstein und Göttweig kennenlernte. Höhepunkte in der Kirchenmalerei sind die Altarblätter in Pöchlarn, Krems und Stein, wo er ein Haus erworben hatte. Seit den 70er Jahren ist eine Entmaterialisierung greifbar, besonders im Altarblatt, andererseits entwickelte der Künstler eine zukunftsweisende Genremalerei aus niederländischen Mustern (vgl. seine ›Wirtshausszenen‹)

Josef Ignaz Mildorfer (1719-1775)
Heilige Dreifaltigkeit mit Pestheiligen, um 1770
Öl auf Leinwand, 241 x 139 cm
Inv. 1653

Bei der vorliegenden ›Glorien-Darstellung‹ handelt es sich um ein in eine Stuckbettung eingelassenes Leinwandbild, das sich ursprünglich in der Schloßkapelle der Thürnmühle bei Schwechat befand, bevor es aus privater Hand über das Bundesdenkmalamt in Museumsbesitz und damit in die Österreichische Galerie gelangte. Demzufolge ist das Bild mehrfach geschwungen und besitzt einen halbrunden Abschluß. In mäßiger Hinter- bzw. Übereinanderstellung erscheinen die Heiligen: Zuvorderst ist auf einer Wolke der hl. Florian als Ritterheiliger gegeben, der als Attribut einen Putto mit Schaff erhielt, dessen Wasser als Zeichen des Schutzes von Haus und Hof überzuschwappen scheint. Dahinter ist der Pestheilige Rochus zu sehen, der, in grobes Sackleinen gewandet, auf seine Beinwunde hinweist, was ein Hund beobachtet. Hinter Florian präsentiert Sebastian seinen Pfeil; die Komposition ist harmonisch mit dem hl. Johann von Nepomuk abgerundet, der in Betrachtung des Kreuzes versunken ist, wobei ein Putto die Märtyrerpalme und den Siegeskranz bereithält. Die Heilige Dreifaltigkeit mit Kreuz nimmt in deutlicher Anlehnung an Paul Trogers Kompositionsweise die gesamte obere Hälfte des Bildes ein.
Neben einem *Weltgericht* in Stift Wilten bei Innsbruck und einer *Pietà* in Telfs entstand Mildorfers Hauptwerk in

Josef Ignaz Mildorfer, **Heilige Dreifaltigkeit mit Pestheiligen**

Fresko, die Kuppel der Wallfahrtskirche Hafnerberg in Niederösterreich (1743). Als Altarblätter müssen das Hochaltarbild der Stiftskirche in Neustift bei Brixen (1744) und der *Apostel-Abschied* in der Ulrichskirche in Wien (um 1760) genannt werden. In den späten Jahren, in denen er sich noch einmal um das Rektorat an der kaiserlichen Akademie nach Martin von Meytens bewarb (1770), war er hauptsächlich in Mähren und Ungarn tätig, wie das auch für Franz Anton Maulbertsch bekannt ist.

Franz Xaver Messerschmidt (1736-1783)
Ein Erzbösewicht, nach 1770
Zinn-Blei-Legierung, H: 38,5 cm
Inv. 2442

Der veristisch erfaßte Kopf gehört zu jenen Ausformungen der Serie der ›Charakterköpfe‹, in denen die Mimik extrem angespannt ist: so, als wolle der Dargestellte sich der Außenwelt gegenüber verweigern. Dabei preßt er den Kopf so in den Rumpf, daß der Hals nur mehr als Konturlinie sichtbar ist. Eine der eigentümlichsten Künstlerpersönlichkeiten des 18. Jahrhunderts stellt Franz Xaver Messerschmidt dar, der aus dem Schwäbischen über München und Graz nach Wien an die kaiserliche Akademie gekommen war (1755), wo Jakob Schletterer und Matthäus Donner seine Lehrer waren. Seine ersten selbständigen Arbeiten waren die Bronzebüsten Maria Theresias und Franz Stephans von Lothringen (1760) für das kaiserliche Zeughaus (heute im Barockmuseum). Nach Bildnisreliefs Kaiser Josephs II. und seiner Frau bestellte der kaiserliche Hof die überlebensgroßen Bleistatuen Maria Theresias und Franz Stephans von Lothringen (ebenfalls Österreichische Galerie), die schon deutlich einen Zug zu einer gesteigerten Individualität aufweisen. Neben weiterer Monumentalplastik (*Immaculata* der Fassade und Brunnen des Savoyischen Damenstiftes) setzte er die Serie der realistisch-überzeichnenden Porträts fort (Gerard van Swieten, Franz Christoph von Scheyb), die letztlich zu seiner Wahl als Mitglied der Akademie geführt hat. Der Künstler wurde daraufhin zum stellvertretenden Professor für Bildhauerei an diesem Institut berufen. Da er jedoch um 1770 eine schwere psychische Krise mitgemacht haben dürfte, die sich u. a. in Verfolgungswahn äußerte, wurde er 1774 nach dem Tod Schletterers als möglicher Nachfolger übergangen. Nach dieser Kränkung verließ er Wien und zog sich nach Preßburg zu seinem dort lebenden Bruder zurück, wo er bis zu seinem Tod, als Sonderling bestaunt, an den ›Charakterköpfen‹ arbeitete. Vorbild und Parallele sind die ›Physiognomischen Fragmente‹ Lavaters, in dessen Nachlaß von unserem Künstler an mehreren Stellen die Rede ist.

Franz Xaver Messerschmidt, **Ein Erzbösewicht**

Klassizismus – Romantik – Biedermeier

Den größten Bestandteil im Werkverzeichnis der Österreichischen Galerie Belvedere nimmt die Sammlung des 19. Jahrhunderts ein, wobei die künstlerische Entwicklung der ersten Jahrhunderthälfte in ihrem Weg von der klassizistischen Zeit über die Romantik bis hin zur Entfaltung der Wiener Biedermeiermalerei anhand zahlreicher Werke nahezu vollständig belegbar ist. Die Geschichte dieses Teiles der Sammlung ist eng mit der Kaiserlichen Gemäldegalerie verknüpft, die ab 1781 im Oberen Belvedere öffentlich zugänglich war. Bereits damals wurden in den vier Räumen im westlichen Teil des zweiten Stockwerkes nur Bildwerke zeitgenössischer österreichischer Künstler gezeigt; darin offenbarte sich erstmals ein offizielles museales Bekenntnis zur heimisch-nationalen Kunstentwicklung, worunter man sowohl die Werke Wiener Künstler als auch jener aus den deutschsprachigen Gebieten der Donaumonarchie und aus den österreichischen Besitzungen in Oberitalien verstand. Damit war der Grundstein für eine ›moderne Galerie‹ gelegt, die in den folgenden Jahrzehnten durch eine gezielte Ankaufspolitik erweitert wurde und deren Aufstellung einer ständigen Veränderung unterworfen war. Die Ankäufe wurden vor allem in den von der Wiener Akademie der bildenden Künste veranstalteten Ausstellungen getätigt, die die neuesten Kunstproduktionen präsentierten. Die Entscheidung über Neuerwerbungen lag bis zur Jahrhundertmitte in erster Linie in der Hand des Kaisers, wobei die Vorschläge meist von den Galeriedirektoren ausgingen, die laut kaiserlichem Erlaß selbst Maler und Restauratoren sein mußten. Von einer quantitativen Bevorzugung einzelner Maler wurde abgesehen; wohl überlegt suchte man ein breites Spektrum an Namen zu erreichen, um das zeitgenössische Kunstschaffen anhand vieler Einzelpersönlichkeiten abdecken zu können. Der 1837 von Albrecht Krafft herausgegebene Galerieführer versuchte mit 141 aufgelisteten Gemälden den »gegenwärtigen Zustand der Kunst in der österreichischen Monarchie und besonders in Wien« aufzuzeigen: Neben Werken von Jakob und Rudolf von Alt, Friedrich Heinrich Füger, Josef Fischer, Josef Führich, Friedrich Gauermann, Angelika Kauffmann, Johann Knapp, Josef Mössmer, dem Historienmaler Anton Petter und dem Blumenmaler Franz Xaver Petter, Josef Rebell, Ludwig Ferdinand Schnorr von Carolsfeld, Franz Steinfeld, Matthias Rudolf Thoma, Ferdinand Georg Waldmüller, Sebastian Wegmayr und Michael Wutky befanden sich bereits der *Fischerknabe* von Friedrich Amerling, das *Scholarenzimmer* und die *Komische Szene im Atelier* von Josef Danhauser, *Das Mädchen vor dem Lotto* von Peter Fendi, *Der Abschied* und *Die Rückkehr des Landwehrmannes* von Johann Peter Krafft sowie *Die hl. Caecilie* von Johann Evangelist Scheffer von Leonhardshoff im Besitz der Galerie. Dazu kamen die Bildhauerarbeiten von Leopold Kissling, Josef Kaehsmann und Johann Nepomuk Schaller, die, ebenfalls gesondert, in den nördlichen Oktogonen des Erdgeschosses präsentiert wurden. Auffallend ist neben der großen Anzahl von Genredarstellungen der hohe Anteil an Gemälden mit religiösen und historischen Inhalten, die zum einen das nachdrückliche Betonen der staatstragenden Kraft von Religion und Kirche dokumentiert, zum anderen das neugegründete österreichische Kaiserreich (1804) durch Darstellungen aus der vaterländischen Geschichte festigen sollten. Werke wie *Kaiser Maximilians I. Einzug in Gent* von Anton Petter entsprachen der thematischen Vorgabe des Hofhistoriographen Joseph Freiherr von Hormayr, der die Historienmalerei zur Wahrung und Vertretung der Staatsinteressen beru-

fen sah. In der Auswahl der Kunstwerke zeigt sich neben dem Vorhaben eines Überblicks über das künstlerische Schaffen der Gegenwart auch ein programmatisches Vorgehen.
Auf diesem Kernbestand, der in den folgenden Jahren durch zahlreiche Ankäufe erweitert wurde, basiert die heutige Sammlung der Kunstwerke des 19. Jahrhunderts, die nach dem Zerfall der Monarchie 1921 in den Bestand der Österreichischen Galerie-Belvedere übergegangen sind. Dazu kam eine bedeutende Anzahl von Dauerleihgaben, die der 1903 gegründeten ›Modernen Galerie‹, der Vorläuferin der Österreichischen Galerie-Belvedere, von der Wiener Akademie der bildenden Künste zur Demonstration der künstlerischen Entwicklung der österreichischen Kunst zur Verfügung gestellt wurde.
Dieser in erster Linie national orientierte Sammlungsbestand erfuhr seine Erweiterung unter der Direktion von Franz Martin Haberditzl (1914-38), der mit dem Ankauf europäischer Kunstwerke die Diskussion hinsichtlich der Internationalität der heimischen Kunstentwicklung fortsetzte. Mit den *Wolkenstudien* von Caspar David Friedrich und Johan Christian Claussen Dahl, den beiden *Fensterbildern* und der Ansicht der *Felsenlandschaft im Elbsandsteingebirge* von Caspar David Friedrich gelangte die Österreichische Galerie in den Besitz höchst qualitätsvoller Bilder der norddeutschen Romantik. Das *Forum Romanum* und die *Marina Grande* von Carl Blechen ergänzen die bereits seit dem Beginn des 19. Jahrhunderts in kaiserlichem Besitz befindlichen neapolitanischen Ansichten von Josef Rebell und den *Wasserfall in Tivoli* von Jacob Philipp Hackert. Diese selektive Auswahl, die in erster Linie darauf abzielte, dem Bestand der österreichischen Kunst Profil zu geben und internationale Zusammenhänge aufzuzeigen, wurde von den Nachfolgern Haberditzls weitergeführt. Mit der daneben weiterhin betriebenen Komplettierung des nationalen Sammlungsbestandes verfügt die Österreichische Galerie heute über einen repräsentativen Querschnitt der Kunstentwicklung des ausgehenden 18. bis hin zur Mitte des 19. Jahrhunderts.
Die Sammlung klassizistischer Skulpturen setzt sich aus einer kleinen Anzahl hochwertiger Werke zusammen, darunter *Perseus und Andromeda* von Franz Anton Zauner, *Philoktet, Bellerophon im Kampf mit der Chimaira* sowie *Der jugendliche Amor* von Johann Nepomuk Schaller und *Mars, Venus und Amor* von Leopold Kissling. Die Porträtmalerei spannt mit Werken von Angelika Kauffmann (*Lord John Simpson*), Friedrich Heinrich Füger (*Die Schauspielerin Josepha Hortensia Füger*) und Johann Baptist Lampi d.Ä. den Bogen von der barock-klassizistischen Bildnisauffassung mit englischen und französischen Einflüssen über François Gérard (*Die Familie des Reichsgrafen Moritz Christian Fries*) und Eugénie Trippier-Lefranc hin zu den führenden Porträtmalern der Wiener Biedermeierzeit Friedrich von Amerling (*Familie Arthaber*) und Ferdinand Georg Waldmüller (*Familie Kerzmann, Famlie Eltz*). Der Realismus in der Bildnismalerei, den Waldmüller gegen 1820 herausgebildet hatte, wird durch das Porträt der *Frau Rosine Wiser* und durch das *Bildnis eines jungen Mannes* dokumentiert und findet in den Darstellungen von Franz Eybl seine Fortsetzung.
In der Historienmalerei, die eng mit der Malerei religiöser Themen verknüpft war, zeigt sich bis weit in das 19. Jahrhundert hinein ein Festhalten an einem starren Akademismus, der durch die Bildwerke Friedrich Heinrich Fügers, Hubert Maurers und Anton Petters geprägt wurde. Eine romantische Umsetzung erfuhren die Heldentaten der frühen Habsburger durch Ludwig Ferdinand Schnorr von Carolsfeld (*Rudolf von Habsburg und der Priester*) und Moritz von Schwind (*Kaiser Maximilian in der Martinswand*). Daneben entwickelte sich eine bildliche Auseinandersetzung mit den zeitgenössischen Geschehnissen, die, ausgehend von Frankreich durch Jacques Louis David (*Napoleon am St. Bernhard*) in Österreich vor allem durch Johann Peter Krafft (*Rückkehr* und *Abschied des Landwehrmannes, Einzug Kaiser Franz I. nach dem Pariser Frieden*) aufgegriffen wurde. Dieser Gruppe ist auch Die Darstellung der Feldmesse am äußeren Burgplatz von Peter Fendi zuzuordnen, die 1826 zur Genesung Kaiser Franz I. abgehalten wurde.
Die romantisch orientierten ›Lukasbrüder‹ oder ›Nazarener‹, die sich in ihrer Ablehnung der an der Akademie gelehrten barock-klassizistischen Tradition den Wurzeln der ›altdeutschen‹ Malerei zuwandten und sich in Rom niederließen, sind vor allem durch

religiöse Werke vertreten (Johann Evangelist Scheffer von Leonhardshoff, *Die Hl. Caecilie*, Josef von Führich, *Der Gang Mariens über das Gebirge*, Leopold Kupelwieser, *Die Heiligen drei Könige*), aber auch durch bildliche Umsetzungen romantischer Erzählungen (Moritz von Schwind, *Die schöne Melusine, Rübezahl*). Die romantische Landschaftsdarstellung, die geprägt war von der harmonischen Verbindung von Mensch und Natur als Ausdruck des Glaubens an die Schöpfung, ist durch einen ihrer Hauptmeister, Josef Anton Koch (*Der große Wasserfall bei Tivoli, Das Berner Oberland*), vertreten und zeigt in der *Breiten Föhre nächst der Brühl bei Mödling* von Ludwig Ferdinand Schnorr von Carolsfeld in Verbindung mit dem mittlerweile herausgebildeten Biedermeierrealismus ein spätes Nachwirken. Diese realistische Wiedergabe in der Landschaftsmalerei setzte gegen das Jahr 1830 ein und wurde durch eine Reinheit in der Naturanschauung von Friedrich Loos, Franz Steinfeld (*Hallstättersee*), Friedrich Gauermann (*Landschaft bei Miesenbach*) und Ferdinand Georg Waldmüller in einfachen Kompositionen ohne merkliches Bedürfnis nach Inszenierung herausgebildet und findet in den poetisch empfundenen Darstellungen Adalbert Stifters, in den nüchtern-realistischen Schilderungen Thomas Enders und in den groß angelegten Landschaftsbildern Waldmüllers um die Jahrhundertmitte (*Große Praterlandschaft, Mödling mit der Ruine Lichtenstein*) ihre Weiterführung. Eine besondere Position im Bereich der Landschaftsmalerei nimmt Rudolf von Alt ein, der zahlreiche Veduten fertigte, anhand derer sich die Veränderungen in der Landschaftssicht klar ablesen lassen (*Der Stephansdom, Der Vestatempel in Rom, Der Hafen von Neapel mit Vesuv*).
In der Biedermeierzeit erlangte das Stilleben eine Hochblüte. Nach flämischen und niederländischen Vorbildern des 17. und 18. Jahrhunderts entstanden prachtvolle Blumenstücke, deren Anspruch sich meist im Dekorativen erschöpft (Franz Xaver Petter, Josef Lauer, Josef Nigg). Zugleich dokumentiert sich das zunehmende Interesse an der Botanik in der akribisch genauen Zeichnung von Blüten-, Pflanzen- und Fruchtformationen durch Johann Knapp (*Jacquins Denkmal*), aber auch in der Tendenz zum Erfassen der stillen Poesie eines einfachen Blumenstraußes (Waldmüller, *Rosen am Fenster*).
Am treffendsten konnte sich die Zeit des Wiener Biedermeier aber in der Genremalerei präsentieren. Und wieder ist der Name Waldmüller zu nennen, dessen umfassendes malerisches Talent auch in diesem Bereich die Hauptwerke seiner Zeit hinterließ (*Perchtoldsdorfer Hochzeit, Fronleichnamsmorgen, Vorfrühling im Wienerwald, Reisigsammler im Wienerwald*). Gemeinsam mit Johann Matthias Ranftl und Friedrich Gauermann hatte er sich ausschließlich den bäuerlichen Genredarstellungen gewidmet. Josef Danhauser konzentrierte sich mit seinen moralisierenden Bilderzählungen auf die kleinen und großen Fehler der Vertreter des Bürgertums (*Der reiche Prasser, Die Testamentseröffnung, Wein, Weib und Gesang*). Peter Fendi als liebenswerter Schilderer der Begebenheiten aus dem Leben einfacher Menschen (*Die Lauscherin, Das Gewitter*) versuchte auch, durch das Aufzeigen harter Schicksalsschläge (*Die Pfändung, Die arme Offizierswitwe*) seine wohlhabende Käuferschaft auf die Lebenssituation der Menschen am Rande der Gesellschaft aufmerksam zu machen. Seine Schüler Carl und Albert Schindler und Friedrich Treml bilden die bedeutendsten Vertreter des sogenannten Soldatengenres. Werke von Johann Baptist Reiter, Franz Eybl, Erasmus Engert und Eduard Ritter runden die Sammlung ab. Eine Sonderstellung nehmen die Gemälde von Michael Neder ein, dessen Szenen aus dem täglichen Leben der Bevölkerung der Wiener Vororte von realistischer und einfacher Direktheit sind (*Kutscherstreit, Heimkehr von der Herde*).
Die Österreichische Galerie-Belvedere ist Besitzerin der größten Sammlung der Malerei des Wiener Biedermeier, worunter sich 81 Bilder von Waldmüller, 46 von Amerling, 20 von Fendi, jeweils 17 von Danhauser und Gauermann und 15 von Rudolf von Alt (davon sechs aus der ersten Jahrhunderthälfte) befinden. Dank der breit angelegten Ankaufstätigkeit des Kaiserhauses beinhaltet die Sammlung aber auch eine große Anzahl von Werken weniger bedeutender Künstler, die die Sammlung hinsichtlich des zeitgenössischen Kunstschaffens abrunden.

Angelika Kauffmann, **Bildnis des Lord John Simpson**

Angelika Kauffmann (1741-1807)
Bildnis des Lord John Simpson, Vater von Maria Susanna, Lady Ravensworth, 1773
Öl auf Leinwand, 127 x 101,5 cm
Inv. 8885

Angelika Kauffmanns künstlerisches Talent wurde bereits in jungen Jahren von ihrem Vater, dem Maler Joseph Johann Kauffmann, erkannt und gefördert. Geboren in Chur und aufgewachsen im Bregenzerwald und in Mailand, war sie zuerst dessen Schülerin. Studienaufenthalte in Florenz und Rom ließen sie mit den bedeutenden Künstlern und Gelehrten ihrer Zeit zusammentreffen. Anläßlich einer Reise nach Venedig lernte sie Lady Wentworth, die Frau des englischen Gesandten kennen, deren Einladung nach London sie 1766 Folge leistete. Eine enge freundschaftliche Beziehung, die sie mit Joshua Reynolds, einem der bedeutendsten englischen Porträtmaler unterhielt, ließ sie während ihres Londoner Aufenthaltes (bis 1781) ihren persönlichen Bildnisstil entwickeln, der frei von großer Pose und Sentiment war. Die Ambivalenz zwischen Repräsentation und Menschlichkeit zeigt sich in der Person des Lord Simpson in der bewußten Gegenüberstellung von architektonischen Versatzstücken mit der ungezwungenen, bequemen Sitzhaltung des

Dargestellten. Der versonnene, leicht abgewandte Blick verleiht seinem Gesicht einen entspannten Ausdruck und kehrt damit den Menschen John Simpson in den Vordergrund. In ihrer Unbefangenheit und natürlichen Geste steht die Darstellung am Beginn einer neuen Bildnissicht, die in der französischen Kunst erst um 1800 und in der Malerei von Mittel- und Nordeuropa in den ersten Jahrzehnten des 19. Jahrhunderts zum Tragen kommen wird.

Friedrich Heinrich Füger (1751-1818)
Der Tod des Germanicus, um 1789
Öl auf Leinwand, 157 x 222 cm
Inv. Lg. 47

Der in Heilbronn geborene Füger studierte an den Akademien in Stuttgart und in Leipzig. Nach einem langjährigen Aufenthalt in Italien ließ er sich 1783 in Wien nieder, wurde 1795 zum Direktor der Wiener Akademie ernannt und leitete ab 1806 die Kaiserliche Gemäldegalerie im Belvedere. Obwohl er als Maler von Bildnissen sehr geschätzt war, galt seine eigentliche Liebe der großen Historienmalerei. In seiner theoretischen Einstellung als auch in seinen Werken stand er Anton Raphael Mengs und Jacques Louis David nahe, deren Arbeiten ihm aus Rom bekannt waren; seine Themenwahl konzentriert sich auf Gegenstände aus der römischen Geschichte und der antiken Mythologie. Ein Hauptwerk aus seiner frühen Wiener Zeit ist die Darstellung des sterbenden Germanicus. Der römische Heerführer (15 v. bis 19 n. Chr.), der sich im Kampf gegen die germanischen Stämme verdient gemacht hatte, ist der Überlieferung nach einer Vergiftung zum Opfer gefallen. Die Szene folgt der Erzählung des Cornelius Tacitus (Annalen, II, c. 70-73), derzufolge die Freunde des Kranken an seinem Totenbett Rache schwören und seiner Familie Schutz zusichern. Die Zeichnung der Charaktere, die von stiller Trauer über Zorn zu wilder Entschlossenheit reicht, zeigt ein reiches Repertoire an Gefühlsstimmungen, deren Ausformung jedoch nicht über die Grenzen des Akademischen hinausreicht. In der Darstellung des Raumes, in dem der Draperie ein hohes Maß an Ausdruckssteigerung zukommt, ist die Abhängigkeit Fügers von der barocken Bildauffassung noch evident.

Friedrich Heinrich Füger, **Der Tod des Germanicus**

Jacques Louis David, **Napoleon am St. Bernhard**

Jacques Louis David (1748-1825)
Napoleon am St. Bernhard, 1801
Öl auf Leinwand, 246 x 231 cm
Inv. 2089

Der Maler Jacques Louis David war eng in die politischen Ereignisse Frankreichs im ausgehenden 18. und beginnenden 19. Jahrhundert verstrickt. Schon in dem 1785 in Rom vollendeten und im selben Jahr in Paris ausgestellten *Schwur der Horatier* (Louvre) erkannte man einen tiefen revolutionären Gehalt, der zur geistigen Vorbereitung der Französischen Revolution beitrug. Er schloß sich 1789 den Jakobinern an und setzte sich in seinen Gemälden mit dem aktuellen Geschehen auseinander. Nach der Machtübernahme verstand es Napoleon Bonaparte, den mittlerweile zu europäischer Berühmtheit gelangten Maler durch Aufträge an sich zu binden. Die Darstellung, die Napoleon bei der Überquerung der Alpen am Großen St. Bernhard im Mai 1800 zeigt, unterlag der strengen Beaufsichtigung des Auftraggebers. Es sollte nicht nur ein Zeichen des Ruhmes seiner Armee und Frankreichs sein, sondern auch als Sinnbild des persönlichen Triumphes verstanden werden. Dem Aufwärtsstreben Bonapartes wird sowohl durch die Haltung des Pferdes als auch durch die nach oben weisende Hand und dem hochwehenden roten Umhang Ausdruck verliehen, was die Darstellung zu einem gemalten Reiterstandbild

François Pascal Simon Gérard, **Die Familie des Reichsgrafen Moritz Christian Fries**

(Swoboda) werden ließ. Die gemeinsame Namensnennung mit Hannibal und Karl dem Großen zu Füßen des Pferdes sicherte Napoleon in eigenen Augen einen gleichwertigen Platz in der europäischen Geschichte. Neben der klassizistisch-kühlen, eingeschränkten Farbigkeit sowie der strengen Pose des Herrschers weist das Pathos in der Dynamik der Darstellung auf die Auseinandersetzung Davids mit barocken Bildwerken dieses Genres hin.

François Pascal Simon Gérard (1770-1837)
Die Familie des Reichsgrafen Moritz Christian Fries, um 1805
Öl auf Leinwand, 223 x 163,5 cm
Inv. 3386

Gérard studierte ab 1786 bei Jacques Louis David Porträt- und Historienmalerei und gilt als dessen Lieblingsschüler. Nach dem großen Erfolg, der ihm durch das Bildnis der *Madame Récamier* (1801, Musée Carnavalet, Paris) zuteil wurde, war er einer der gefragtesten Maler des französischen

Hofadels. Die Entstehung des Familienbildnisses, das den Wiener Reichsgrafen Moritz Christian Fries (1777-1826) mit seiner Frau Maria Theresia, geborene Prinzessin Hohenlohe-Waldenburg-Schillingfürst (1779-1819), und den 1804 zur Welt gekommenen Sohn Moritz darstellt, fällt somit in die Zeit des größten Ruhmes des französischen Malers. Die junge Familie ist in einer Mischung von ungezwungener Häuslichkeit und Repräsentation dargestellt, wobei die Reitkleider und die legere Sitzposition des Mannes der Sitzhaltung der Frau mit dem Fuß auf dem Polster sowie der strengen architektonischen Gliederung des Hintergrundes gegenübersteht. Die Anspielung auf die hl. Familie durch das nackte Kind in seinem Bett weist auf eine zeittypische Profanierung der christlichen Ikonographie hin.
Als Inhaber des 1766 in Wien gegründeten Bankhauses Fries & Co. zählte die Familie zu einer der reichsten in der Kaiserstadt. Moritz Christian machte sich besonders als Kunstmäzen verdient, führte jedoch durch seinen sorglosen und verschwenderischen Lebensstil das Bankhaus in den Bankrott, was auch den Verkauf der durch seinen Vater angelegten großen Kunstsammlung zur Folge hatte.

Johann Nepomuk Schaller (1777-1842)
Philoktet, 1808/1809
Blei, H: 67 cm
Inv. 2287

Nach seiner mehrjährigen Tätigkeit als Bossierer an der Wiener Porzellanmanufaktur, neben der er auch in der Bildhauerklasse bei Johann Martin Fischer an der Wiener Akademie lernte, schuf Schaller als erstes selbständiges Werk die Figur des Philoktet, der sich den vergifteten Pfeil aus dem Fuß

Johann Nepomuk Schaller, **Philoktet**

Caspar David Friedrich, **Meeresstrand im Nebel**

zieht. Die Anregung zur Fertigung der Skulptur gab Johann Philipp Graf Cobenzl, der Curator der Akademie. Die Gipsfassung war 1808 fertiggestellt, der Bleiguß wurde im Sommer 1809 ausgeführt. Obwohl es sich hier um eine Jugendarbeit handelt, wurde die Meisterlichkeit in der Komposition sofort wahrgenommen, was eine umfassende Förderung des jungen Bildhauers zur Folge hatte. In Anlehnung an den sogenannten *Cincinnatus* oder *Jason*, eine antike Skulptur, die sich im Louvre befindet und die von Wilhelm Beyer für eine der Skulpturen im Schönbrunner Schloßpark kopiert wurde, verstärkte er das Motiv des Sich-Vorbeugens und erzielte durch eine leichte Seitwärtsdrehung des Oberkörpers gegenüber dem Vorbild eine geschlossenere Umrißlinie. Die Positionierung des Helmes und der Rüstung zu Füßen des Helden, aber auch der über das angewinkelte Bein gelegte Mantel verleihen der Skulptur darüberhinaus die entsprechende Standfestigkeit. Der Köcher mit den Pfeilen ist das Geschenk des Herakles; Philoktet tötete mit diesen Waffen den Trojaner Paris.

Caspar David Friedrich (1774-1840)
Meeresstrand im Nebel, um 1807
Öl auf Leinwand, 34,2 x 50,2 cm
Inv. 3700

Die mit schroffen Steinen besetzte kahle Küstenlandschaft mit dem schemenhaft im Nebel verschwindenden Schiff stellt eine Meisterleistung im frühen Schaffen Friedrichs dar und wurde ob ihrer Einfachheit, der großen Stille und der unsagbaren Weite der Darstellung bereits von seinen Zeitgenossen lobend gewürdigt. Caspar David Friedrich, dem Dresdener Kreis der deutschen Frühromantiker entstammend, war in erster Linie Landschaftsmaler. Trotz eingehender Studien vor der Natur strebte er aber selten die Wiedergabe konkreter landschaftlicher Motive an; sein Thema war vielmehr die Weltlandschaft als Ausdruck menschlicher Stimmungen. In seiner Gegenüberstellung des Nebels mit den fast greifbaren Steinen im Vordergrund des Gemäldes wird einer melancholischen, schwermütigen Stimmung verstärkt Gewicht verliehen. Das Motiv des Nebels steigert sich durch die Auflösung des Stofflichen zur transzendentalen Endlosigkeit. Friedrich griff damit auf ein bereits im 18. Jahrhundert verwendetes Ausdrucksmittel zurück, demzufolge Nebel für Gottferne und Versuchung, aber auch für Dunkelheit des menschlichen Lebens symbolisch eingesetzt wurde (Sumowski). Das mit Passagieren besetzte kleine Boot, das sich auf dem Weg zum weiter draußen liegenden Schiff befindet, wurde von Börsch-Supan als konkrete Todesallegorie gedeutet; im zurückgelassenen, abgeschnittenen Anker, ein Motiv, das auch auf anderen Meeresbildern Friedrichs anzutreffen ist, sah dieser die Überwindung der Mühsal irdischer Existenz.

Josef Rebell (1787-1828)
Der Hafen Granatella bei Portici, 1819
Öl auf Leinwand, 98 x 137 cm
Inv. 2148

Während des Besuches der Landschaftsschule an der Wiener Akademie wurde im jungen Rebell durch den Lehrer Michael Wutky das Interesse an Italien geweckt. Nach Abschluß des Studiums (1810) reiste er schließlich über die Schweiz nach Mailand, weiter in die Gegend von Neapel und anschließend nach Rom, wo er sich bis 1824 aufhielt. Von den Werken Claude Lorrains und Josef Anton Kochs beeindruckt und von Michael Wutky, der sich seit 1805 wieder in Italien aufhielt, zeitweilig künstlerisch geleitet, vollzog sich die Entwicklung Josef Rebells fernab von all den spätbarocken Einflüssen, die bis ins zweite Jahrzehnt des 19. Jahrhunderts auf die Wiener Landschaftsmalerei einwirkten. Der Eindruck des südlichen Lichtes ließ den Maler zu einer reizvollen Ansicht des nahe Neapel gelegenen Hafens Granatella gelangen. In der Komposition folgt die Darstellung einem klassizistischen Prinzip, demzufolge die über- bzw. hintereinanderliegenden Schichten sowie die Gegenüberstellung der sich ins Bild hineinschiebenden Mauer mit der Rauchwolke des Vesuvs einer farblichen bzw. materiellen Ausgewogenheit im Bild dient. Rebell begnügte sich jedoch nicht mit einer Vedute im herkömmlichen Sinn, sondern suchte das Gebiet durch Einbeziehen der Bevölkerung im Vordergrund in seiner Gesamtheit zu erfassen. Äußerst sensibel ist er bei der Spiegelung der Gegenstände auf der Wasseroberfläche sowie in der gegen den Horizont hin verblassenden Färbung des Himmels vorgegangen.

Josef Rebell, **Der Hafen Granatella bei Portici**

Johann Evangelist Scheffer von Leonhardshoff, **Die tote heilige Caecilie**

Die Beteiligung Rebells an der ersten Ausstellung der deutschen Künstler im Frühjahr 1819 in Rom erweckte das Interesse des Österreichischen Kaisers Franz I.; er erwarb neben dem *Hafen Granatella bei Portici* noch drei weitere Ansichten aus der Gegend von Neapel für die kaiserliche Gemäldegalerie und berief den Künstler 1824 auf die seit sechs Jahren vakante Direktorenstelle der kaiserlichen Gemäldegalerie im Wiener Belvedere. Zusätzlich unterrichtete Rebell an der Wiener Akademie Landschaftsmalerei.

Johann Evangelist Scheffer
von Leonhardshoff (1795-1822)
Die tote heilige Caecilie, 1820/21
Öl auf Leinwand, 149 x 195 cm
Inv. 2244

Scheffer, einer der bedeutendsten Romantiker Österreichs, hatte bereits 1812, während einer Reise nach Oberitalien und Venedig zum Malen voll zarter Empfindung und tiefster Gläubigkeit gefunden. Ähnlich den gleichzeitig in Rom arbeitenden Nazarenern (›Lukasbrüder‹), die sich in ihrer Ablehnung der zeitgenössischen Kunstideale und Konventionen auf die deutsche und italienische Malerei vor 1500 zurückbesannen, fand auch er in den Werken Raffaels, Giovanni Bellinis und Peruginos die für ihn gültige künstlerische Wahrheit. Schon 1815, als es in Rom zum ersten Kontakt mit der gleichgesinnten Künstlervereinigung kam, hatte er seinen persönlichen Stil ausformuliert, und er bedurfte nur mehr der künstlerischen Festigung. Sein Gesamtwerk umfaßt nur wenige Bilder, neben Porträts schuf er in erster Linie religiöse Werke, deren Einfluß auf die Kirchenkunst bis ins beginnende 20. Jahrhundert von bestimmender Wirkung war.
Die *tote hl. Caecilie*, die in zwei Versionen in der Österreichischen Galerie verwahrt wird, stellt unzweifelhaft das Hauptwerk des jung verstorbenen Künstlers dar, wobei die erste, 1820/21 in Rom entstandene Fassung der zweiten, in Wien gefertigten Variante hinsichtlich der formalen Präzision und Vollendung in der Technik überlegen ist. Das Bild zeigt die hl. Caecilie sterbend auf dem Rasen liegend, hingestreckt von den drei Schwertstreichen im Nacken. Die eigentümlich gehaltene rechte Hand der Heiligen weist auf die Legende hin, derzufolge die Sterbende, nunmehr unfähig zu sprechen, durch die drei ausgestreckten Finger auf die Dreieinigkeit Gottes verweise.

Als unmittelbares Vorbild für die Gestaltung der Liegenden ist auf die Marmorskulptur der Heiligen von Stefano Maderna in der Kirche Santa Cecilia in Trastevere in Rom hinzuweisen, die Scheffer bereits während seines ersten Aufenthaltes in der Stadt kennengelernt hatte. Der obere Abschluß der Darstellung in Form einer Lunette wurde vom Maler bewußt zur Straffung der Komposition gewählt, um die Ruhe im Bild nicht zu stören, wie er selbst sagte. Bald nach dem Tod des Malers (12. Jänner 1822) wurde das Gemälde für die Belvedere-Galerie angekauft, wo es auf persönliche Anordnung von Kaiser Franz I. auf einem Ehrenplatz der Öffentlichkeit zugänglich gemacht wurde.

Leopold Kupelwieser (1796-1862)
Die Heiligen drei Könige, 1825
Öl auf Holz, 33 x 41,5 cm
Inv. 3768

Leopold Kupelwieser war neben Josef von Führich der wichtigste Maler religiöser Themen in Wien. Bei seinem Eintritt in die Wiener Akademie (1808) war Kupelwieser noch zu jung, um sich dem Kreis der ›Lukasbrüder‹ anzuschließen. Auf einer Reise nach Italien kam er in Rom mit dieser Gruppe in Kontakt, was seine Malweise nachhaltig prägte. Kupelwieser, der dem ›romantischen‹ Freundeskreis um Franz Schubert und Moritz von Schwind angehörte, fand in ihrem Bekenntnis zum inneren Empfinden eine Bestätigung in seiner literarisch-poetischen Kunstauffassung, was ihn in der Folge seine Bildinhalte märchenhaft-erzählerisch anreichern ließ. *Der Zug der Heiligen drei Könige*, der 1825, bald nach seiner Rückkehr nach Wien entstanden ist, stellt die Hauptfiguren bildfüllend und bildparallel, in stereotypem Bewegungsablauf dar. In der Komposition, wie in der Verwendung satter Farbe zeigt sich seine Auseinandersetzung mit den Werken der florentinischen Quattrocentomaler. Die silhouettenhaft gegen den abendlichen Himmel gestellten Hauptfiguren sowie das unwirkliche Strahlen des ›Stalles‹ mit den Schatten der ihn umgebenden Palmen verleiht dem Darstellungsinhalt hingegen eine verträumt-schwärmerische Grundtendenz, die dem religiösen Thema beinahe eine untergeordnete Bedeutung zukommen läßt.

Leopold Kupelwieser, **Die Heiligen drei Könige**,

Johann Peter Krafft (1780-1856)
Einzug des Kaisers Franz I. nach dem Pariser Frieden am 16. Juni 1814, vor 1828
Öl auf Leinwand, 38,5 x 65 cm
Inv. 6247

Zum Hauptwerk des im hessischen Hanau geborenen Malers Johann Peter Krafft zählen die drei monumentalen Wandgemälde im Audienzsaal der Wiener Hofburg, von denen das vorliegende Bild eines der Musterstücke ist. Es stellt den feierlichen Empfang dar, der dem Kaiser bei seiner Rückkehr von den Verhandlungen zu dem die Napoleonischen Kriege beschließenden sogenannten ›Pariser Frieden‹ gewidmet wurde. Die Wahl eines Stoffes aus der jüngsten Geschichte (die Themen der beiden anderen Gemälde beziehen sich auf die *Rückkehr des Kaisers aus Preßburg 1809* und auf die *Ausfahrt des Kaiserpaares nach schwerer Krankheit des Kaisers 1826*) entsprach vollkommen der Auffassung Kraffts von der Historienmalerei, die seiner Meinung nach nur durch ihren Aktualitätsbezug weiterbestehen konnte. Bezüglich der Komposition erinnern die Hofburg-Bilder noch stark an die französische Malerei aus dem Umkreis von Jacques Louis David, bei dem Krafft während seines zweijährigen Aufenthaltes in Paris bis 1804 studierte. Das Einbeziehen der Volksmasse, das den französischen Historienbildern schon um 1800 anekdotische Züge verliehen hatte, findet hier jedoch eine Überleitung ins Genrehafte, wobei jeder Einzelne in seinem Agieren klar und individuell gezeichnet ist. Das Volk als inhaltlicher Hauptträger des Gemäldes leitet durch seinen Jubel zum Kaiser als zentrale Bildfigur über, wodurch die Darstellung völlig mit der Haltung des Kaiserhauses übereinstimmte, das darin die Beliebtheit und Volksnähe des Monarchen dokumentiert sah. Hinsichtlich der reinen, ungemischten Farben und der klaren Konturen, die vor allem im Bereich der Faltenzüge der Gewänder eine gewisse Steifheit in der Form aufweisen, ist der Bezug Kraffts zum französischen Klassizismus unübersehbar; die genaue Zeichnung des Individuums hingegen läßt die Wirkung des keimenden Realismus der Wiener Biedermeiermalerei bereits spürbar werden.

Johann Peter Krafft, **Einzug des Kaisers Franz I. nach dem Pariser Frieden am 16. Juni 1814**

Ludwig Ferdinand Schnorr von Carolsfeld, **Rudolf von Habsburg und der Priester**

Ludwig Ferdinand Schnorr von Carolsfeld (1788-1853)
Rudolf von Habsburg und der Priester, 1828
Öl auf Leinwand, 140 x 190 cm
Inv. 4825

Eine Vorliebe für das Mittelalter, vor allem aber die ideologische Stabilisierung des 1804 bzw. 1806 begründeten Kaiserreiches Österreich war ausschlaggebend für eine verstärkte Hinwendung zur vaterländischen Geschichte am Beginn des 19. Jahrhunderts. Zur Verfestigung einer nationalen Gesinnung veröffentlichte der Hofhistoriograph Joseph Freiherr von Hormayr zwischen 1807 und 1814 seine ›Momente aus der vaterländischen Geschichte‹, ein Werk, das die wichtigsten Ereignisse des Hauses Habsburg von seinen Anfängen bis hin zur unmittelbaren Gegenwart aufzeigte. Seine Forderung, ›Vaterlandsliebe‹ solle nicht nur in Schriften, sondern auch in Bildwerken seinen Ausdruck finden, gab den Anstoß zur Entstehung der österreichischen Historienmalerei. Obwohl dieses Anliegen im Lehrplan der Akademie kaum aufgenommen wurde, setzten sich Maler wie Anton Petter, Carl Ruß (er beschickte die akademische Kunstausstellung von 1822 mit dreißig Geschichtsgemälden) und Johann Peter Krafft, aber auch der Nazarener Franz Pforr und Ludwig Ferdinand Schnorr von Carolsfeld mit den Themen der vaterländischen Geschichte auseinander. Zu den bevorzugten historischen Gestalten zählte neben Kaiser Maximilian I. in erster Linie der Begründer des Erzhauses, Rudolf von Habsburg. Die 1803 von Friedrich Schiller als Ballade verfaßte legendäre Episode, nach der Rudolf einem Priester sein Pferd anbot, so daß dieser einen durch das Unwetter angeschwollenen Bach leicht überqueren und einem Kranken die Sterbesakramente verabreichen kann, war bis weit über die Jahrhundertmitte hinaus ein beliebtes Thema in der Malerei. Über die Verbindung von nationaler Geschichte mit Religiosität und Menschlichkeit sollte es vor allem die Verbundenheit des Kaiserhauses mit der katholischen Kirche dokumentieren.

Carl Blechen, **Nachmittag auf Capri**

Carl Blechen (1798-1840)
Nachmittag auf Capri, um 1829
Öl auf Leinwand, 91 x 130 cm
Inv. 1996

Schon während des kurzen Studiums an der Berliner Akademie (1822-24) übten die Werke der Zeitgenossen Caspar David Friedrich und Johan Christian Claussen Dahl einen bedeutenden Einfluß auf den jungen Carl Blechen aus. Entscheidend für seine Freilichtmalerei aber war vor allem das südliche Licht Italiens, das er während einer Reise in den Jahren 1828/29 kennenlernen konnte. Von Rom aus, wo er rasch mit der deutschsprechenden Künstlerkolonie Kontakt geschlossen hatte, unternahm er einen länger dauernden Ausflug nach Neapel und von dort nach Capri. Die Ansicht der Insel mit dem Blick auf den Monte Castiglione mit dem Tiberiusfelsen, der Marina Grande in der Bucht und dem Ort Capri am Bergrücken vermittelt eindrucksvoll die mittägliche Hitze, die den Landstrich für mehrere Stunden fast leblos werden läßt. Außergewöhnliche Beobachtungsgabe bewies der Maler hinsichtlich dem Erscheinungsbild der Farben, die durch das gleißende südliche Licht an Intensität verlieren, in den Schattenpartien hingegen kräftige Kontraste zeigen. Der Maler traf damit jedoch bei den Kritikern der Herbstausstellung der Berliner Akademie von 1832 auf kein Verständnis; sie stießen sich vor allem am lockeren, eher andeutenden als beschreibenden Pinselstrich sowie am Bestreben, das Bild möglichst aus der Farbe heraus aufzubauen.

Friedrich Gauermann (1807-1862)
Landschaft bei Miesenbach, um 1830
Öl auf Leinwand, 32 x 45 cm
Inv. 2815

Aufgewachsen in Miesenbach, einer südlich von Wien gelegenen Ortschaft am Schneeberg, schuf Gauermann unter der Anleitung seines Vaters, des Malers Jakob Gauermann, bereits in frühen Jugendjahren Ansichten und Skizzen seiner näheren Umgebung. Nach seinem Studium an der Wiener Akademie (1824-27) zählte Friedrich Gauermann in seinem Frühwerk gemeinsam mit Franz Steinfeld, Friedrich Loos und Ferdinand Georg Waldmüller zur ersten Künstlergeneration der realistischen Landschaftsmalerei und somit zu ihren Wegbereitern. Diese Form der Landschaftswiedergabe hatte zur Entstehungszeit der vorliegenden Ansicht – aber nicht nur bei Gauermann – einen Höhepunkt erreicht. Die Einfachheit in der Komposition, die ohne merkliches Bedürfnis einer Inszenierung die Gegend in normalem Tageslicht wiedergibt, offenbart eine Reinheit in der Naturanschauung, die in diesem Maß in den Werken der darauffolgenden Jahre nicht mehr wiederzufinden ist. Gauermann begann schließlich, seine Landschaftsansichten mit Erzählungen zu erweitern; anfangs als Staffage behandelt, wurden sie immer stärker zum bestimmenden Bildinhalt. Tierkämpfe und Episoden aus dem bäuerlichen Leben zählten zu seinem bevorzugten Themenkreis, die direkte Naturbeobachtung diente ihm aber beständig als Ausgangsbasis.

Friedrich Gauermann, **Landschaft bei Miesenbach**

Rudolf von Alt (1812-1905)
Der Stephansdom, 1832
Öl auf Leinwand, 46 x 57,5 cm
Inv. 2081

Rudolf von Alt studierte ab 1825 an der Wiener Akademie, sein eigentlicher Lehrer aber war sein Vater Jakob Alt, in dessen Atelier er bereits als Kind mitgearbeitet hatte. Auf gemeinsamen Studienreisen ab 1824 durch Österreich und Italien schufen sie unzählige Aquarelle von Stadtansichten und Landschaften. Rudolf führte diese ›Arbeitsreisen‹ auch nach dem Tod seines Vaters bis ins hohe Alter fort, und sie ließen ihn nahezu alle Gegenden der Monarchie kennenlernen. Nicht nur die große Anzahl seiner Aquarelle ist bemerkenswert (sein Œuvre umfaßt etwa 5000 Werke), auch deren Qualität steigerte er im Laufe seines Schaffens zu bis dahin unbekannten Höhen. Die wenigeren Ölbilder entstanden vor allem in den Wintermonaten im Atelier. Noch am Ende seines Lebens wurde er zum Vorbild der Wiener Secessionisten, deren Vereinigung er als Ehrenpräsident bis zu seinem Tod vorstand. Die Ansicht der Südseite des Stephansdomes, ein sehr beliebtes Motiv des Malers, entstand 1832, im Abschlußjahr seines Studiums an der Wiener Akademie. Gewisse Unsicherheiten in der Handhabung der Perspektive liegen vor allem im schmalen Ausblick vom Stock-im-Eisen-Platz zum angrenzenden Stephansplatz begründet. Wenige Jahre später wird er dieses Problem durch eine ›komprimierte‹ Darstellung des Kirchenbaues lösen.

Peter Fendi (1796-1842)
Die Lauscherin, 1833
Öl auf Holz, 31 x 23,2 cm
Inv. 2092

Durch seine ausgezeichnete Fähigkeit im Beobachten von Menschen sowie durch seine hohe Qualität im malerischen Umsetzen des Gesehenen nimmt Fendi eine unerreichte Position innerhalb der Wiener Biedermeiermalerei

Rudolf von Alt, **Der Stephansdom**

Peter Fendi, **Die Lauscherin**

ein. Die eigentlich verbotene Handlung des durchs Schlüsselloch blicken ist so selbstverständlich geschildert, daß sie nicht befremdet; vielmehr macht sie liebenswert auf eine menschliche Schwäche aufmerksam. Dieses subtile Schildern alltäglicher Situationen machte den Maler bald bei seinen Zeitgenossen beliebt. Aufträge von der kaiserlichen Familie, allen voran von Kaiserin Carolina Augusta und Erzherzogin Sophie, ließen ihn zu einem der bedeutendsten Erzähler der im Kaiserhaus gepflegten biedermeierlichen Häuslichkeit werden. Große Bekanntheit erlangte Fendi vor allem durch seine hervorragenden Darstellungen von Kindern, daneben machte er aber auch durch Bilder wie *Die Pfändung* oder *Die arme Offizierswitwe* auf das Schicksal von Menschen am Rande der Gesellschaft aufmerksam. Den Großteil im Œuvre Fendis nimmt das Aquarell ein, wobei er diese Technik durch seine selbstbewußte Anwendung der Farbe und durch gezieltes Aussparen von Fläche zur Hochblüte brachte. Auch für seine Ölbilder ist ein dünnflüssiger, oft nur lasierender Farbauftrag bezeichnend, der mitunter die Linien der Vorzeichnung durchscheinen läßt – hier am Verlauf der Profile der Tür zu sehen.

Friedrich von Amerling, **Rudolf von Arthaber mit seinen Kindern**

Friedrich von Amerling (1803-1887)
Rudolf von Arthaber mit seinen Kindern, 1837
Öl auf Leinwand, 221 x 155 cm
Inv. 2245

Friedrich von Amerling war über die Jahrhundertmitte hinaus der berühmteste und gefragteste Bildnismaler Wiens, dessen Auftraggeber in erster Linie Mitglieder des Kaiserhauses, der Aristokratie und des Großbürgertums waren. Seine hohe Sensibilität in der Verwendung der Farbe sowie in der Behandlung der Bildoberfläche ist auf den kurzen Aufenthalt in London bei dem bedeutenden Porträtmaler Sir Thomas Lawrence zurückzuführen. Obwohl Amerling den Maler bei seiner Arbeit nie beobachten durfte, erhielt er doch durch technische Ratschläge und durch genaues Studieren der Lawrenceschen Bildnisse sein spezifisches Rüstzeug.
Mitte der dreißiger Jahre schuf Amerling seine großen Familienporträts, die ihm einen hervorragenden Platz nicht nur in der österreichischen, sondern in der Kunst des 19. Jahrhunderts überhaupt sichern. Das Besondere an dieser Gruppe von Bildern ist ein ungezwungenes Verhalten der Dargestellten und somit das Fehlen jeglicher Pose.

Amerling versuchte hier nicht, wie Waldmüller in den zeitgleich entstandenen Familienbildnissen, durch ein unsichtbares Gerüst von Gesten und Blicken den Bildzusammenhalt und die Beziehung zum Betrachter herzustellen, sondern erhob die Szene in den Bereich des zufällig erhaschten Augenblicks. Das Gruppenbildnis zeigt den Industriellen, Kunstmäzen und Kunstsammler Rudolf von Arthaber gemeinsam mit seinen Kindern. Indem sie das Porträt der verstorbenen Frau und Mutter betrachten, wird der Eindruck des Familiären verstärkt und eine Wendung zum Genrehaften vollzogen. Die Tatsache, daß diese Szene im Atelier des Malers entstanden ist, kennzeichnet ihn zusätzlich als hervorragenden Arrangeur von intimer Raumgestaltung und inniger Inbezugsetzung zwischen Raum und Personen.

Josef Nigg (1782-1863)
Blumenstrauß, vor 1838
Öl auf Leinwand, 61,3 x 49,5 cm
Inv. 3629

Die enge Zusammenarbeit zwischen der Wiener Akademie der bildenden Künste und der Wiener Porzellanmanufaktur sowie das vom Leiter der Blumenmalschule an der Akademie, Johann Baptist Drechsler, propagierte Studium der niederländischen Blumenstücke des 17. und 18. Jahrhunderts ließen die Wiener Blumenmalerei zwischen dem ausgehenden 18. Jahrhundert und 1850 zu einer europaweit unerreichten Blüte gelangen. Als Grundlage dienten den Malern die Werke von Jan van Huysum, Willem van Aelst oder Rachel Ruysch, die ihnen aus der Akademiegalerie sowie aus diversen privaten Sammlungen bekannt und vertraut

Josef Nigg, **Blumenstrauß**

Ludwig Ferdinand Schnorr von Carolsfeld, **Die breite Föhre nächst der Brühl bei Mödling**

waren. Da der Entwicklung dieser Kunstgattung vor allem ein modisches Bedürfnis und eine wachsende Nachfrage zugrunde lag, entfaltete sie sich nicht nach freien künstlerischen Gesetzen, sondern übernahm in erster Linie bewährte Formeln wie hier die Präsentation des Bouquets in einer Mauernische. An diese Vorbilder anknüpfend, schufen neben Nigg vor allem Johann Baptist Drechsler, Sebastian Wegmayr, Franz Xaver Gruber und Franz Xaver Petter kunstvoll arrangierte Bouquets, mitunter Phantasiegebilde, die die schönsten Blumen ganz verschiedener Blütezeit und auch Herkunft kombinieren. Josef Nigg, der an der Wiener Porzellanmanufaktur als Obermaler tätig war, malte neben Blumenstücken in Öl-, Aquarell- und Pastelltechnik auch viele Arrangements auf Porzellanvasen und -platten, die zu den bedeutendsten Werken dieser Gattung in Wien zählen.

Ludwig Ferdinand Schnorr von Carolsfeld
(1788-1853)
Die breite Föhre nächst der Brühl bei Mödling,
1838
Öl auf Leinwand, 67 x 114 cm
Inv. 3167

Obwohl Ludwig Ferdinand Schnorr von Carolsfeld im Künstlerkreis der deutschen Romantiker in Wien aufwuchs, nahm er weder am Protest der ›Lukasbrüder‹ 1809 gegen die an der Wiener Akademie gepflogenen Kunstideale teil noch folgte er ihnen nach Rom. Sein Versuch, die Lehrstelle seines Professors Friedrich Heinrich Füger an der Akademie zu übernehmen, scheiterte jedoch an der Tatsache, daß er dieser sezessionistischen Künstlergruppe gesinnungsmäßig zu nahe stand. In der Folge wurde der Maler von Erzherzog Johann für die künstlerische Ausgestaltung des steirischen ›Brandhofes‹ in Anspruch genommen, auch lieferte er die Vorzeichnungen zu den Glasfenstern der romantischen ›Franzensburg‹ in Laxenburg. Neben dem Malen von Porträts sowie von religiösen, historischen und literarischen Themen machte sich bei Schnorr in den dreißiger Jahren zunehmend die Darstellung von Landschaften bemerkbar, die in ihrer ›Verehrung‹ der Natur deutlich unter dem Einfluß der romantisch gestimmten Ansichten von Ferdinand Olivier und Josef Anton Koch standen. Die genaue Wiedergabe der geologischen Formation des Gebietes um die breite Föhre bei Mödling, einem beliebten Ausflugsziel im Wienerwald, sowie die Zeichnung der Pflanzen und das Spiel von Licht und Schatten weisen den Maler als genauen Beobachter der Natur aus. Der Realismus im Detail bleibt jedoch einem lyrischen Grundkonzept untergeordnet, so daß diese Ansicht nicht dem Landschaftsstil etwa eines Waldmüller oder Steinfeld zuzuordnen ist. Die dargestellten Figuren, die über die Funktion einer reinen Staffage hinausgehen, erinnern an die Landschaftswerke der nazarenischen Zeitgenossen, wobei sich der religiöse Gehalt auf den ins Gebet versunkenen Wanderer beschränkt.

Josef Danhauser (1805-1845)
Wein, Weib und Gesang, 1839
Öl auf Leinwand, 143 x 190 cm
Inv. 8860

Die lustige Gesellschaft, die sich vor einem Landhaus zu Speise und Trank zusammengefunden hat und nun das gesellige Beisammensein mit Musizieren beschließt, dokumentiert die in der Biedermeierzeit gerne vollzogenen Landpartien, von denen jene aus dem ›Schubert-Kreis‹ legendär sind. Die Lebensfreude findet hier Ausdruck in der Betonung scheinbar nebensächlicher Gegenstände, die in kunstvollem Arrangement stillebenartig die Szene bereichern. Demgemäß dient der Spruch von Martin Luther, der vom Maler rechts an die Wand gemalt wird und dem Gemälde den Titel gab (›Wer nicht liebt Wein, Weib und Gesang, der bleibt ein Narr sein Leben lang‹), zur Verdeutlichung der Situation, denn der ›Narr‹, von dem hier die Rede ist, befindet sich links außen am Tisch. Unbequem sitzend, mit Handschuhen angetan, begnügt er sich mit Zuckerwasser und hält mit abwehrender Handbewegung alle Genüsse von sich; auch nicht die Einladung zum Singen durch die Frau zu seiner Linken vermag ihn zu überreden, am fröhlichen Treiben der Gesellschaft teilzunehmen.
Josef Danhauser, der Sohn und Nachfolger des Begründers der berühmten Möbelfabrik Danhauser, ist der bedeutendste Genremaler der Wiener Biedermeierzeit. Im Aufgreifen holländischer Bildwerke, etwa jener von Jan Steen oder Adrian van Ostade, oder der moralisierenden Sittenstücke eines William Hogarth entwickelte er in seinen Bildern die Fähigkeit, Situationen in komprimierter Form zu umreißen und zu erzählen. Weisen die Vanitas-Symbole der holländischen Vorbilder jedoch auf die Vergänglichkeit des Seins hin, spricht sich Danhauser im vorliegenden Werk für die Freude am Leben aus und macht Geselligkeit und Frohsinn zum Maßstab, indem er Entsagung und Lebensverneinung anprangert.

Josef Danhauser, **Wein, Weib und Gesang**

Ferdinand Georg Waldmüller, **Am Fronleichnamsmorgen**

Ferdinand Georg Waldmüller (1793-1865)
Am Fronleichnamsmorgen, 1857
Öl auf Holz, 65 x 82 cm
Inv. Lg. 63

Waldmüller war als Maler von Bildnissen, Landschaften, Stilleben und Genredarstellungen eine der vielseitigsten und bedeutendsten Künstlerpersönlichkeiten des Wiener Biedermeier. Durch seine genaue Beobachtungsgabe der Menschen sowie durch das Studium vor der Natur bildete er einen Stil heraus, der es ihm ermöglichte, in jeder Bildgattung Werke besonderer Qualität hervorzubringen. Es sind aber vor allem die Genrebilder, die den hohen Bekanntheitsgrad des Malers ausmachen. Durchwegs im bäuerlichen Bereich angesiedelt, schildern sie sowohl Feste als auch zufällige Ereignisse und Alltägliches – Motive, die der Maler im Gebiet des Wienerwaldes oder im Salzkammergut fand. Inhaltlich konzentrierte er sich weniger auf die harte Landarbeit als vielmehr auf das bäuerliche Leben an sich; alte Menschen, Mütter und vor allem Kinder zählten dabei zu seinen beliebten Modellen, denn in der Gegenüberstellung der Generationen verdeutlichte er den Ablauf des Lebens. Durch seine seit den vierziger Jahren betriebenen Versuche, das Sonnenlicht im Bild wahrheitsgetreu wiederzugeben, vermochte er die Vorbereitungen der Kinder für das Fronleichnamsfest in ihrem festlichen Charakter zu unterstreichen. Eine gezielte Kontrastierung von Licht und Schatten sowie die gesteigerte Intensität der Lokalfarben läßt dabei die Figuren zu einer fast greifbaren Plastizität gelangen. Waldmüller war sein Leben lang bestrebt, die ›wahre Form‹ im Bild festzuhalten, und das Problem der Wiedergabe des Sonnenlichtes war für ihn dabei eine der größten Herausforderungen. Bei seinen Zeitgenossen stieß er mit diesen Versuchen jedoch auf Unverständnis.

Realismus – Impressionismus

Waldmüller hatte in seiner beständigen Suche nach noch größerer Naturnähe gemeint, die Intensität des Lichtes stetig steigern zu müssen, und deshalb auch in der prallen Sonne gemalt; es sollte einer anderen Generation vorbehalten sein, das Atmosphärische Eingang in die Bilder finden zu lassen.
Und so sehr nachfolgende Generationen auf dem von Waldmüller und seinen Zeitgenossen entwickelten Freilichtrealismus aufbauen konnten, bedurfte es zur weiteren Entwicklung auch des Anstoßes von Außen – sei es durch das Erlebnis neuer Landschaften und deren andersartigen Lichts, sei es durch den Kontakt mit den Errungenschaften anderer Maler in Europa. Emil Jakob Schindler, der der Generation eines Leibl, Monet oder Renoir angehörte, war die eigentliche Leitfigur einer Bewegung, die in ihren besten Hervorbringungen zugleich auch eine sehr österreichische Variante des internationalen Pleinairismus darstellte. Schindlers späteres künstlerisches Denken war von Albert Zimmermann vorbereitet worden, der als Professor für Landschaftsmalerei an der Akademie zwar in seinem eigenen Werk noch teilweise einer romantischen und idealisierenden Gebirgsmalerei anhing, in seiner konsequenten Propagierung des Freilichtmalens aber seinen Schülern eine ideale Ausgangsbasis für die Weiterentwicklung der Landschaftsmalerei bot.
So wurde für Schindler und seine Mitschüler Ditscheiner, Jettel, Ribarz und Russ die Begegnung mit den Bildern der ›Schule von Barbizon‹ auf der Ersten Internationalen Kunstausstellung in München 1869 zur Bestärkung, sich ganz der Freilichtmalerei zuzuwenden. Im selben Jahr wurde zudem eine der größten Wiener Privatsammlungen versteigert, in der sich unter anderem Werke von Corot, Daubigny, Harpignies, Millet, Rousseau und Troyon befanden. Wenige Jahre später, auf der Weltausstellung von 1873, wurden in Wien weitere Werke der ›Schule von Barbizon‹ gezeigt und zu gleicher Zeit im Kunstverein eine Ausstellung von Werken Courbets.
In Frankreich hatten einige Maler in den dreißiger Jahren des 19. Jahrhunderts den Wald von Fontainebleau für sich entdeckt. Nachdem 1832 auf dem ›Pariser Salon‹ die neue englische Landschaftsmalerei vorgestellt worden war, siedelte sich 1836 der Maler Théodore Rousseau in Barbizon an, wohin ihm bald andere Maler wie Constant Troyon, Charles-François Daubigny, Virgilio Narcisso Diaz de la Peña, Charles Émile Jacque und Jean-François Millet folgten.
Der Wald von Fontainebleau bot sowohl genügend reizvolle Motive als auch die erwünschte Abgeschiedenheit und ländliche Umgebung. Gleichzeitig erlaubte er durch seine relative Nähe zu Paris und die bald fertiggestellte Eisenbahn die Ergebnisse der eigenen malerischen Suche alljährlich auf dem ›Salon‹ auszustellen und damit die notwendige Öffentlichkeit zu erreichen.
Ganz im Gegensatz zu den als ›bedeutsam‹ erachteten Themen der Historienmalerei wandten sich diese Maler der schlichten Landschaftsdarstellung zu, wobei die Wahrhaftigkeit künstlerischer Wiedergabe eine bedeutende Rolle zu spielen begann. Neben der unvoreingenommenen Schilderung der Natur standen Darstellungen des Lebens der einfachen Leute im Vordergrund. Viele der Ölstudien wurden vor Ort gemalt, und 1852 präsentierte Camille Corot, der in engem Kontakt zu den Malern von Barbizon, besonders Millet und Rousseau, stand und den eine enge Freundschaft mit Daubigny verband, sein erstes vollständig im Freien (›en plein air‹) gemaltes Bild. (Jahrzehnte zuvor hatte Ferdinand Georg Waldmüller ganze Landschaftsbilder im Freien gemalt.) Eugen Jettel und Emil Jakob Schindler waren die ersten, die

sich als Konsequenz dessen in der österreichischen Malerei auf zeitgemäße Motive konzentrierten. Die ›Paysages intimes‹ der Maler von Barbizon gaben ihnen hier die Richtung vor, und so malte etwa Schindler eine Reihe von Vorstadtlandschaften oder mehrmals die Dampfschiffstation an der Donau. Hatten sich die erwähnten Franzosen aber farblich noch weitgehend an den Kanon einer Ton-in-Ton-Malerei gehalten, so war Schindler aufgrund genauer Naturbeobachtung weiter vorgestoßen und hatte in reinen, hellen und hart kontrastierenden Farben dem gleißenden Sonnenlicht Ausdruck zu geben verstanden und dabei die Bildgegenstände zu flächigen Farbzonen abstrahiert.

Besonders interessierten Schindler Wetter- und Lichtstimmungen, die Darstellung des Atmosphärischen und seiner ständigen Veränderungen, die an oft sehr einfachen oder unprätentiösen Bildgegenständen vorgeführt wurden. Morgen- oder Abendstimmungen, leichter Nebel und trübes Wetter waren dabei bevorzugt. Schließlich begann Schindler Serien zu malen (wie etwa von Pappelalleen), in denen er die Veränderung von Tages-, Jahreszeit und Witterung an ein und demselben oder ähnlichen Motiven zum Thema machte; ja, er plante einen Monatszyklus, der aber nie vollständig realisiert wurde.

Zunehmend wurde für ihn und die Maler um ihn die Stimmung wichtig, die die Betrachtung der Landschaft im Beschauer auslöst. Über die rein optische Erscheinung hinaus wurde die Empfindsamkeit des Malers wie des Betrachters angesprochen.

So wie die unscheinbare, ›unaufregende‹ Landschaft verstärkt ins Blickfeld rückte, taten es auch die unscheinbaren Dinge: die Blumen und das Gemüse in Gärten und auf den Feldern, die in einer bis dahin vollkommen ungewöhnlichen Nahsichtigkeit ganz groß ins Bild geholt wurden und damit geheimnisvolles Leben erhielten.

Schindlers reife Bilder sind von einer unerhörten Subtilität der gestalterischen Mittel; alle prägt eine lyrische Gesamthaltung, ein stilles wie kontemplatives Schauen – und dieses war es auch, was er, wie Carl Moll berichtet, als Lehrer wesentlich seinen Schülern zu vermitteln bemüht war.

Man hat versucht, die Kunst dieser Maler unter den Begriffen ›Stimmungsimpressionismus‹ oder ›Stimmungsrealismus‹ zusammenzufassen, um das ihnen gemeinsame Phänomen zu benennen; dies sollte aber nicht darüber hinwegtäuschen, daß außer dem engeren Kreis um Schindler die meisten dieser Maler ihre individuellen Wege verfolgten; Schindler selbst nannte seine Arbeit ›poetischen Realismus‹.

Die Darstellungen der österreichischen Maler waren insofern eine echte Transformation des von den Malern der ›Schule von Barbizon‹ Erreichten, als sie über die Schilderung des Realen hinausgingen und in ihrer besonderen Empfänglichkeit für das Witterungsmäßige auch das zu schildern versuchten, was im Stillen im Betrachter mitschwingt.

Bei Schindler und seinen Zeitgenossen wird die Umrißzeichnung, der formenumschreibende Pinselstrich nicht aufgegeben, die Darstellung also nicht in kurze, gleichmäßige Pinselstriche aufgelöst; aber der Geist der Annäherung an die Landschaften ist ein impressionistischer, wenn auch eben nicht in dem Sinn reiner Farbe. Da ist die Unmittelbarkeit mancher Ausschnitte, das Festhalten von Momentanem, das Erstellen von Bilderserien desselben Motivs, um die verschiedenen Stimmungen, die mit diesem verbunden sind, aufzuzeichnen. Aber mehr als Lichtstimmungen sind es Gefühle, die zum Gegenstand der Darstellungen werden sollten.

Schindler wurde im Laufe der Zeit immer mehr zur Zentralfigur dieser Landschaftsauffassung. Er hatte eine Reihe von Schülern wie Tina Blau, Olga Wiesinger Florian, Marie Egner, Marie Louise von Parmentier und Carl Moll. Auch Theodor von Hörmann, ein Autodidakt, suchte regelmäßig seinen Rat. Hörmann, einer der glühendsten Wirklichkeitssucher, der bei jedem Wetter und unter allen Umständen, auch unter Lebensgefahr, im Freien malte, überschritt die farbliche Gebundenheit in Richtung einer betonten Lichtmalerei, eines leuchtenden Kolorismus und sehr offenen, unmittelbaren Pinselstrichs.

Bei August von Pettenkofen, einem weiteren großen Landschaftsmaler, der als Militärmaler begonnen hatte, wurde die Begegnung mit dem flirrenden, starken Licht der ungarischen Puszta 1851 zur Anregung einer immer lockereren, offeneren Malweise. Durch wiederholte Frankreichaufenthalte hatte auch er Möglichkeit, sich mit den Arbeiten der Barbizon-Maler eingehend auseinanderzusetzen. In unzähligen Bildern schilderte er die einfachen Menschen in

Ungarn, ihre Verrichtungen, Bräuche und Dörfer mit tonigen, aber zunehmend leuchtenden Farben und vor allem einer zuweilen kühnen Unterschlagung des Details. Leopold Carl Müller schließlich, einer der profiliertesten Orientmaler (deshalb auch von seinen Kollegen ›Orientmüller‹ genannt), gelangte durch das Licht und die Luft Ägyptens zu einer leuchtenden Farbigkeit.
Obwohl die Landschaftsmalerei in Österreich immer von Bedeutung war und gerade in der zweiten Jahrhunderthälfte Stilleben und Genre an Qualität bei weitem übertraf, wurde die ernsthafte, anspruchsvolle und auf so Weniges reduzierte Kunst dieser Maler vom Publikum und vor allem vom offiziellen Geschmack viel weniger geschätzt als die seichte Dramatik der Alpenlandschaften eines Halauska, Hansch, Hasch, Peithner-Lichtenfels, Selleny oder Zimmermann. Und natürlich stand sie in der Gunst noch viel tiefer als die in Wien gefeierten Salon- und Genremaler Hans Makart, Hans Canon oder Franz von Defregger. Ebenso mußte Anton Romako ein großer Einzelgänger bleiben.
So wie die Malerei der ›Schule von Barbizon‹ in Europa große Wirkung gezeigt hatte, erlangte auch die Kunst Gustave Courbets in weiten Teilen vorbildliche und anregende Kraft. Courbet, der sich einen Autodidakten nannte, wollte nur malen, was er sehen konnte. Dennoch wurde gerade sein von ihm selbst programmatisch so genannter ›Realimus‹ durch die gezielte Wahl des Motivs, dessen zuweilen monumentale und malerisch breite Behandlung und den markant gewählten Bildausschnitt sehr bedeutungsvoll. Eine Vielzahl von Malern bezog sich auf seine moderne Bildauffassung.
In München, wo sich Courbet während einer Reise im Jahr 1869 aufhielt, stieß Wilhelm Leibl auf ihn, der bald eine Gruppe gleichgesinnter Maler, den sogenannten ›Leibl-Kreis‹ um sich zu scharen verstand.
Diesen Malern ging es um eine aufrichtige Erneuerung der Malerei, um Gültigkeit in der Erfassung des Realen, die sich in der guten Faktur, der handwerklich vollkommenen Malerei ausdrücken sollte. Übermalungen waren verpönt, das Bild sollte möglichst in einem Zug entstehen. Während Wilhelm Trübner diese Malerei in der Folge zu einem gemäßigten Impressionismus weiterentwickelte, zog sich Leibl aufs Land zurück, um unter der Landbevölkerung zu leben und seine Anliegen ohne Ablenkung in Figurenbildern verfolgen zu können.
Die Begegnung mit Wilhelm Leibl und seinem Kreis in München war für Carl Schuch, der neben Waldmüller und Romako wohl als einer der wichtigsten österreichischen Maler des 19. Jahrhunderts gelten muß, sehr anregend gewesen und hatte seine weitere künstlerische Entwicklung entscheidend beeinflußt. Zum einen hatte er über die Vermittlung Leibls die Malerei Courbets und des neuen Realismus kennengelernt, zum anderen im Leibl-Kreis ein malerisches Ethos und einen Anspruch angetroffen, der seinen eigenen Intentionen voll entsprach. Wie die anderen Maler der Gruppe bevorzugte er undramatische Themen wie Stilleben, Landschaften und unbewegte Figuren, wobei er seine wohldurchdachten Bilder in vielen Studien vorbereitete. Besonders als Stillebenmaler sollte Schuch nach seinem Tod große Berühmtheit erlangen (er stellte zu seinen Lebzeiten fast nie aus, da er wirtschaftlich unabhängig war). In einer Cézanne durchaus vergleichbaren Weise wußte auch er um die Zweidimensionalität der Bildfläche und die damit verbundene Notwendigkeit, primär auf die Kräfteverhältnisse von Formen und Farben einzugehen. Und er gelangte zu vergleichbaren Lösungen wie Cézanne, auch wenn er im Kolorit viel stärker an die Tradition gebunden blieb, obwohl er das Anliegen der Impressionisten verstand und theoretisch auch über ihre und seine Farbigkeit reflektierte. Aber er begriff, daß zur Darstellung der Dinge diese in die Bildsprache übersetzt und der autonomen Ordnung des Bildes unterworfen werden müssen. Vor der Farbe war für ihn das Licht eines dieser wichtigsten Gesetze, das aber nicht primär als beleuchtendes, sondern als konstituierendes verstanden wurde. Aus diesem Grund bediente er sich stark des Hell-Dunkels, da er dadurch das Wesentliche der Dinge klarer ausdrücken zu können meinte.
Die Errungenschaften der Maler von Barbizon waren Auslöser für eine Vielzahl von protoimpressionistischen und impressionistischen Weiterentwicklungen, von denen nur einige der wichtigsten in der Sammlung des Belvedere vertretenen hervorgehoben werden sollen.

August von Pettenkofen, **Verwundetentransport**

So etwa die Malerei eines Monet, Pissarro oder Renoir, für die die Kunst Daubignys, Diaz de la Peñas oder besonders des späten Corot große Bedeutung erlangt hatte. Schon bald sollten sich die Eigenheiten eines jeden dieser Maler herausstellen und eine nächste Generation von Spätimpressionisten wie van Gogh die gewonnenen Möglichkeiten in Richtung einer zunehmend autonomer werdenden Farbe weiterentwickeln oder in einem Pointillismus bzw. Divisionismus, wie er in einer überarbeiteten Form etwa bei Segantini begegnet, die Wirkung des reinen Lichts noch zu steigern versuchen.
Der Einfluß der ›Schule von Barbizon‹ erfaßte aber auch die italienischen ›Macchiaioli‹, die ›Schule von Den Haag‹, den Szolnoker Malerkreis oder die ›Neudachauer Schule‹ um Adolf Hoelzel und Fritz von Uhde.
Gemeinsam mit der Rezeption altniederländischer Malerei führte die französische Entwicklung zu der Ausbildung des in virtuosem Pinselstrich vorgetragenen, aber doch meist in erdigen Tönen gehaltenen Spätimpressionismus eines Liebermann, Slevogt oder (in der Sammlung allein mit zehn Arbeiten vertretenen) Corinth, der aufgrund der Subjektivität des Pinselstrichs fast bruchlos in eine expressionistische Auffassung umschlagen konnte.
Und schließlich gab sie den Anstoß zu dem erwähnten österreichischen, stark aus eigenen Wurzeln gespeisten Stimmungsimpressionismus.
Die österreichische Malerei ist dabei nicht wie bisher gerne üblich unter dem Parameter der französischen Kunst, sondern in ihrer Eigenart und mit den hohen eigenen Qualitäten zu sehen. Es war eine eigenständige Entwicklung, die sich aus der eigenen Tradition und den erhaltenen Anregungen das für sie Bedeutende herausholte, um die neuen bildnerischen Anliegen zu verwirklichen. Dabei erschien die sensible Wiedergabe der Stimmung wichtiger als das Licht und die reine Farbe, die wir heute gerne als Elemente des eigentlichen Fortschritts erachten.

August von Pettenkofen (1822-1889)
Verwundetentransport, 1869
Öl auf Holz, 29,6 x 44,7 cm
Inv. 1861

Pettenkofen, der jahrelang in Paris gelebt hatte und als einer der ersten österreichischen Landschaftsmaler am Festhalten der Phänomene des Lichts und der Luft interessiert war, entdeckte in der ungarischen Tiefebene eine Landschaft, deren Atmosphäre seinen Intentionen sehr entgegen kam. Er bewog Malerfreunde, ihm dorthin zu folgen, und begründete mit ihnen in Szolnok eine österreichisch-ungarische Malerkolonie, die ähnliche Ziele wie

jene der ›Schule von Barbizon‹ verfolgte, von der sie auch manche Anregung bezogen hatte. Pettenkofen malte aber nicht nur das Land, sondern auch das Leben der hier stationierten Soldaten, Darstellungen, die zu seinen eindrucksvollsten Arbeiten gehören.
Im *Verwundetentransport* von 1869, einem von Pettenkofen mehrfach behandelten Thema, hat er gegenüber früheren Fassungen die Dramatik noch gesteigert. Durch die rauhe und mit offenem Pinselstrich vorgetragene Malweise wirkt der Zug noch zerfledderter, aufgelöster, deprimierender. Während vorne zwei Ochsen den Karren durch den schlammigen Boden ziehen, schieben hinten zwei Soldaten; über der Gruppe dräuen schwere Regenwolken. Es ist dies ein sehr persönlicher und vollkommen unheroischer Blick Pettenkofens auf das Soldatenleben, die Gegenseite des begeisterten und von Hurra-Rufen begleiteten Aufbruchs in den Feldzug. Hier herrscht nur mehr stilles Dahintrotten, Weiterschleppen oder müdes Ausharren auf dem Wagen.
Diese Eindringlichkeit, die von den bildnerischen Mitteln getragen und ohne erhobenen Zeigefinger vorgebracht wird, hat dem Bild seine Berühmtheit verschafft.

Emil Jakob Schindler (1842-1892)
Dampfschiffstation bei Kaisermühlen in grellem Sonnenschein, um 1871/72
Öl auf Leinwand, 56 x 79 cm
Inv. 3338

Emil Jakob Schindler war einer der ersten, der sich nach seiner Ausbildung bei Albert Zimmermann ganz der Freilichtmalerei zuwandte und sich dabei auf zeitgemäße Motive konzentrierte. Die ›Paysages intimes‹ der Maler von Barbizon gaben hier die Richtung vor, und so malte Schindler eine Reihe von Vorstadtlandschaften, darunter mehrmals die Dampfschiffstation an der Donau in der Nähe des Praters. Aber ganz im Gegensatz zu den erwähnten Franzosen, die es in ihren Bildern bei einer farblichen Gestimmtheit bewenden ließen, zog Schindler in der *Dampfschiffstation bei Kaisermühlen*, angeregt durch das grelle Sonnenlicht, die Details zu farbigen Flächen zusammen, und indem er ihre Erscheinungsform drastisch vereinfachte, ging er einen erheblichen Schritt weiter. Auch gewinnt das Licht eine bis dahin nicht gekannte Härte, führt zu spannungsvollen Kontrasten, die aller tonigen Gestimmtheit, wie sie an der Akademie gelehrt wurde, widersprechen. Von der

Emil Jakob Schindler, **Dampfschiffstation bei Kaisermühlen in grellem Sonnenschein**

Anschauung der Natur ausgehend, wird die Bedeutung des ungefilterten Lichts und der ungehemmten Farbe erkannt und in einer auch im Pinselstrich unmittelbaren Weise in reine Farbfelder umgesetzt.
In der Folge wurde Schindler, der eine unerhörte Subtilität in der Wiedergabe landschaftlicher Stimmungen erreichte, eine der profiliertesten Malerpersönlichkeiten. Seine große Wirkung, die er auf eine ganze Gruppe gleichaltriger und jüngerer Maler ausübte, ließ ihn zur Hauptgestalt des österreichischen ›Stimmungsimpressionismus‹ werden.

Eugen Jettel (1845-1901)
Abendlandschaft, kurz vor 1895
Öl auf Holz, 29,5 x 48,4 cm
Inv. 878

So wie Emil Jakob Schindler studierte auch Eugen Jettel bei Albert Zimmermann Landschaftsmalerei. Aber es war ganz wesentlich die Freundschaft mit August von Pettenkofen, die ihm über dessen Vermittlung eine neue Sicht der Landschaftsmalerei im Sinne der ›Schule von Barbizon‹ erschloß. 1870 unternahm er, wohl von Pettenkofen ermuntert, eine erste Studienreise in die Normandie und nach Holland; später sollte er von 1874 bis 1897 in Paris und Frankreich leben. Nach Wien zurückgekehrt, trat er der Secession bei. Jettels Bilder gelten dem sensiblen Festhalten von Stimmungen und dem Ablauschen der Regungen der Natur im Unscheinbaren, weshalb er mit vollem Recht zu den österreichischen ›Stimmungsimpressionisten‹ gezählt wird.
Abendlandschaft gehört zu den besonders schönen Beispielen dieses Genres und vermittelt genau das: eine abendliche Stimmung, die nicht nur durch Motive wie das ruhige Wasser oder die heimkehrende Herde evoziert wird, sondern auch durch den souveränen Einsatz des Kolorits, das unter den Bäumen und im Hohlweg bereits große Dunkelheiten und etwas kühlere Töne aufweist, während tief am Horizont in leuchtenden Gelb- und Rottönen das Sonnenlicht verlischt. Durch das einzelne Aufragen der Bäume gegen diesen abendlichen Himmel wird dessen Bedeutung noch unterstrichen.

Eugen Jettel, **Abendlandschaft**

Tina Blau-Lang, **Frühling im Prater**

Tina Blau-Lang (1845-1916)
Frühling im Prater, 1882
Öl auf Leinwand, 214 x 291 cm
Inv. 2233

Tina Blau, zunächst bei dem Landschaftsmaler August Schäffer in Wien und später bei Wilhelm Lindenschmidt in München ausgebildet, hatte auf der Internationalen Kunstausstellung 1869 in München ihre erste Begegnung mit der Malerei der ›Schule von Barbizon‹. Nach Wien zurückgekehrt, fand sie in Emil Jakob Schindler einen gleichgesinnten Lehrer und bald auch guten Freund.
Frühling im Prater ist eines der bedeutendsten Werke der Malerin und der österreichischen Landschaftsmalerei des späten 19. Jahrhunderts. Im Gegensatz zu den naturalistisch gehaltenen und um große Naturtreue bemühten vorangegangenen Arbeiten vollzieht Tina Blau hier einen bedeutenden Schritt und dies, wie es den Anschein hat, nicht durch äußere Anregungen, sondern aus einer inneren Konsequenz ihrer künstlerischen Entwicklung heraus, die vor allem auf einer intensiven Naturbeobachtung basiert. Zwei Italien- und eine Hollandreise haben das ihre zu ihrer künstlerischen Reifung beigetragen. Erst nach Vollendung dieses Gemäldes besuchte sie Paris, wo sie die Bestätigung für ihren Weg fand.
Nicht mehr abgestufte Tonwerte sind es nun, die das Bild prägen, sondern helle und wenn auch gemischte, so doch leuchtende Farben, die durch kurze, nebeneinandergesetzte Pinselstriche ein atmosphärisches Flirren erzeugen.
Aufgrund dieser Helligkeit im Kolorit wurde das Bild anläßlich der Internationalen Kunstausstellung 1882 vom Künstlerhaus abgelehnt, da es, wie es in der Begründung hieß, ein Loch in die Wand mache. Interessanterweise war es Hans Makart, der das Bild als das beste der Ausstellung befand und dafür sorgte, daß es doch noch gezeigt wurde, wenn auch an ungünstigem Platz. Trotzdem wurde es hier von dem französischen Kunstminister Antonin Proust, der die Ausstellung besuchte, als eine wichtige Arbeit erkannt und erhielt ein Jahr später auf dem ›Salon‹ in Paris eine ›Mention honorable‹.

Carl Schuch (1846-1903)
Stilleben mit Kürbis, Pfirsichen und Weintrauben, 1884
Öl auf Leinwand, 62,2 x 81 cm
Inv. 1358

Carl Schuch muß wohl neben Waldmüller als einer der wichtigsten österreichischen Maler des 19. Jahrhunderts gelten. Schuch malte unzählige Studien, bevor er sich an ein Gemälde heranmachte, denn es sollte aus einem Guß entstehen, die gute Faktur erkennen lassen und vor allem zeitlose Gültigkeit besitzen. Auch deshalb ist sein Œuvre nicht sehr umfangreich. Als Landschafter malte Schuch nur die vorbereitenden Studien im Freilicht – sie sollten im Atelier zu einem vollkommen ausgewogenen Bild gefügt werden.
Und gerade darin lag auch der Kern von Schuchs Bemühen, die eigentliche Genialität dieses Malers, dem es um die Erneuerung der Malerei ging: Parallel zu Cézanne und ohne ihn zu kennen faßte er das Bild konsequent als Fläche auf, auf der sich die Farbfelder in ihren entsprechenden Kräfteverhältnissen anordnen.
Besonders Schuchs Stilleben geben dieses Aufbauen des Bildes aus Farbe und Fläche, das minutiöse Ausponderieren der Werte wieder. Daneben war er ein großer Theoretiker, einer, der in der Lage war, seine Überlegungen in klare Worte zu fassen und vor allem theoretische Überlegungen zur Grundlage seiner Bilder zu machen. So schrieb er sich gelegentlich bereits die ›Paletten‹ für geplante Bilder auf.
Auch für das *Stilleben mit Kürbis* gibt es im ›Pariser Skizzenbuch‹ von 1884 einen Kompositionsentwurf, der Aufzeichnungen über die geplanten Farben enthält, die Schuch gezielt nach Komplementärharmonien oder -kontrasten auswählte: »Kürbis aufgeschnitten, Orange/auf Blau Teller/grünliche Trauben & Pfirsiche.«
Im vorliegenden, gegenüber dem Entwurf leicht abgeänderten Stilleben dienen die blauen Weintrauben als Komplementärkontrast zum Orange und Gelb des Kürbisses.

Carl Schuch, **Stilleben mit Kürbis, Pfirsichen und Weintrauben**

Carl Moll, **Naschmarkt in Wien**

Carl Moll (1861-1945)
Naschmarkt in Wien, 1894
Öl auf Leinwand, 86 x 119 cm
Inv. 252

Moll war der treueste Schüler Schindlers, der ständig bei ihm war, ja bald fester Bestandteil der Familie wurde und sich um viele praktische Dinge kümmerte, darunter um die Organisation von Ausstellungen mit Werken des Lehrers. In späteren Jahren heiratete er sogar dessen Witwe. Moll, eines der prononciertesten Gründungsmitglieder der Wiener Secession, kommt in der Folge das Verdienst zu, die internationale Moderne nach Wien gebracht zu haben. Ihm sind wichtige Ausstellungen von Werken van Goghs, Gauguins oder Munchs zu verdanken, aber auch die Förderung junger Talente wie Kokoschka und Schiele.

Mit dem ›Naschmarkt‹ als Thema hat sich Carl Moll in mehreren Bildern beschäftigt. Im vorliegenden Gemälde, das eine der bekanntesten Wiener Stadtveduten darstellt, schuf er 1894 eines der vollendetsten und spätesten Beispiele eines stark von der Stimmung geprägten Realismus, den er von seinem verehrten Lehrer gelernt hatte. Aber die helle Palette und die Dominanz des Lichtes verraten gleichzeitig die Bemühung, darüber hinaus zu gehen und den Lichtwirkungen besondere Aufmerksamkeit zu schenken. Die lichtdurchflutete Luft, die durchleuchteten Baumkronen, der Glanz auf Dächern und Schirmen verleihen der Ansicht ihren stillen Zauber. Lediglich die noch immer an erdige Töne gebundene Farbigkeit verrät die Herkunft Molls.

Theodor von Hörmann (1840-1895)
Esparsettenfeld bei Znaim, 1893
Öl auf Leinwand auf Holz, 22 x 48 cm
Inv. 1202

Hörmanns Darstellung eines Esparsettenfelds bei Znaim gehört zu den Arbeiten seines Œuvres, in denen er sich am stärksten dem Impressionismus nähert. Als einer der ersten österreichischen Maler des 19. Jahrhunderts hatte er von der tonigen Malerei des ›Stimmungsimpressionismus‹ zu einem neuen, hellen Kolorismus gefunden.

Diese Arbeiten, nur wenige Jahre nach einem Parisaufenthalt entstanden, erinnern in den schmalen Querformaten an das bevorzugte Bildformat Charles Daubignys, erreichen aber in der Charakterisierung der Landschaft durch pastose Pinselzüge van Goghsche Qualitäten. Das *Esparsettenfeld bei Znaim* kennt nichts Kleinteiliges mehr, die

Theodor von Hörmann,
Esparsettenfeld bei Znaim

Einzelheiten sind untergeordnet, eingebunden in farbige Flächen, die mit breiten Spachtelzügen aufgebaut sind. Durch die verschiedenen, aber sehr bewußt gewählten Richtungen dieser Spachtelzüge wird die Darstellung zum farbigen Geflecht, zur Impression – zum koloristischen, optischen Äquivalent des Gesehenen. Die Schattierung und Abtönung der Farben in den Feldern, auch deren Veränderungen durch den darüberstreichenden Wind finden darin ihren Niederschlag.
Hörmann kommt ganz ohne Staffage aus, zeigt die reine, menschenleere, leicht ansteigende Landschaft in ihrer ganzen Weite und wohl auch Melancholie. Suggestiv zieht der Feldweg den Blick des Betrachters in die Bildtiefe.
Landschaft wird hier zum Stimmungsträger. Dies besonders durch die Verlassenheit der (vom Menschen kultivierten) Gegend, in der sich nur der Maler zu befinden scheint – unter dem grenzenlosen Himmel, über den der Wind die Wolken treibt, und wo die einzelnen Bäume am Horizont wie individuelle Gestalten erscheinen.

Olga Wiesinger-Florian (1844-1926)
Blühender Mohn, um 1895/1900
Öl auf Leinwand, 70 x 98 cm
Inv. 8139

Man hat für ein echtes Spezifikum der österreichischen Landschaftsmalerei der zweiten Hälfte des 19. Jahrhunderts den Ausdruck ›Kraut- und Rübenstück‹ geprägt und damit das Phänomen zu bezeichnen versucht, daß die Maler im Umkreis um Emil Jakob Schindler, darunter besonders Eugen Jettel, Rudolf Ribarz und Marie Egner, mit Vorliebe nahsichtige und unscheinbare Motive für ihre Landschaften wählten, um die Bedeutung des Kosmos im Kleinen in den Vordergrund zu stellen. Daraus ergab sich meist eine vollkommen neuartige Perspektive, wenn die Feldfrüchte im Vordergrund von einem tiefen Betrachtungspunkt aus ganz groß und bedeutungsvoll gesehen wurden und die eigentliche Landschaft in den Hintergrund verwiesen wurde. Wiesinger-Florians *Blühender Mohn* läßt von dieser Landschaftsauffassung einiges erkennen. Denn die Blüten werden in stillebenhafter Nähe und ausschnitthafter Unmittelbarkeit geschildert, während der Waldrand am Horizont nur mehr durch eine Farbzone angedeutet wird. Durch diesen Ausschnitt aus der Fülle wird die Lebendigkeit

Olga Wiesinger-Florian, **Blühender Mohn**

Marie Egner, **In der Pergola**

der Darstellung gesteigert, die gleichzeitig eine völlig neue Sicht auf eine blütenübersähte Wiese eröffnet.
Olga Wiesinger-Florian gehörte neben Carl Moll, Marie Egner und anderen zu den Privatschülern Schindlers und konnte von seiner Lehrtätigkeit sehr viel profitieren, gleichzeitig aber als sehr starke Persönlichkeit ihren eigenen Weg konsequent verfolgen, der auf möglichst genaue Erfassung der Wirklichkeit gerichtet war und in der Folge in der leuchtenden Farbigkeit über die Stimmungsmalerei des Lehrers hinausging.

Marie Egner (1850-1940)
In der Pergola, 1912
Öl auf Papier auf Karton, 68 x 86,7 cm
Inv. 1546

Anfänglich stark von ihrem Lehrer Emil Jakob Schindler geprägt, zu dessen engerem Kreis sie fünf Jahre lang gehörte und unter dessen Anregung sie sich Landschaftsmotiven aus dem Wienerwald zuwandte, begann sie sich um 1890 von ihm zu lösen und eine stärkere Buntfarbigkeit zu entwickeln. Egners Impressionismus, wie er uns in Bildern wie *In der Pergola* gegenübertritt, war stets stark an das Naturvorbild, an den konkreten Gegenstand gebunden; niemals verloren die Bilder ihre Raumtiefe, um etwa zu einem flirrenden Farbgeflecht auf der Leinwand zu werden.
Aber die Art, wie sie kraftvoll die leuchtenden Lokalfarben zu Wort kommen läßt und das Spiel des Lichts in seinem Beleuchten und Duchscheinen, Glänzen und Schimmern behandelt, beweist große Meisterschaft. Dabei malte Marie Egner konsequent vor dem Motiv und durchaus spontan, wie das hier vorliegende, auf einer Italienreise gemalte Bild deutlich zeigt: Es mußte am rechten Rand durch Anfügen eines Leinwandstreifens erweitert werden.

Eugène Delacroix (1798-1863)
Blumenstilleben, 1834
Öl auf Leinwand, 74 x 92,8 cm
Inv. 2455

Delacroix gibt in dem *Blumenstilleben* ein Bild der Fülle, der reichsten Entfaltung, zeigt das Verschwenderische der Natur – auch in den wie wahllos verstreuten Früchten unter der breiten Blumenvase. Sein Hauptinteresse gilt dem Schauspiel der Farben und dem Kräftespiel der Töne; ein sein ganzes Werk durchziehendes und mit Hilfe seiner berühmten Farbscheibe stets noch weiter verfeinertes Anliegen. Hier wird durch die Vielzahl verschiedener Töne und ihre Anordnung nebeneinander versucht, durch die dabei entstehenden Komplementärharmonien oder Kontraste die Wirkung eines jeden einzelnen noch zu steigern. Um ihre Erscheinung ungeschmälert zur Entfaltung zu bringen, bleiben die Früchte beinahe farblos, und auch der Hintergrund wird zur einheitlich-milden Folie, die chromatisch ganz zurücktritt.

Die Datierung des Gemäldes ist umstritten. Delacroix führt es 1844 in seinem Tagebuch als ›Tableau de fleurs, à Nohant‹ an. Daraus hat man geschlossen, daß er das Bild, das George Sand gehörte, anläßlich eines seiner Aufenthalte bei der Dichterin 1842 oder 1843 gemalt habe. Adolphe Moreau (›Eugène Delacroix et son œuvre‹, Paris 1873, S. 282) jedenfalls datiert das Werk in das Jahr 1834.

Für die frühere Datierung spricht vor allem die gegenüber späteren Blumenbildern größere Einfachheit und die mit den Werken von 1833 verwandte offene, teilweise kaum deckende Malstruktur, das mehr auf Farbwirkung als auf Plastizität gerichtete Augenmerk und die Vernachlässigung des Hintergrunds angesichts des Farbschauspiels der Blüten.

Eugène Delacroix, **Blumenstilleben**

Camille Corot, **Bildnis einer jungen Frau (Madame Legois)**

Camille Corot (1796-1875)
Bildnis einer jungen Frau (Madame Legois)
um 1840-45
Öl auf Leinwand, 55 x 40 cm
Inv. 2413

Das *Bildnis einer jungen Frau* markiert eine Wende in den Figurenbildern Corots. Von den detailliert schildernden Porträts der frühen Jahre gelangte er allmählich zur Genrefigur, die in mythischer Umkleidung oder einfach als Verkörperung von Allgemeinem aufgefaßt wird. Nun sind die Frauen – und es sind fast durchwegs Frauendarstellungen – weniger naturalistisch, vielmehr breiter entfaltet und offener gemalt. Nicht ohne Absicht wählt Corot robuste Typen einfacher Schichten, voll ungebrochenen Lebens und echter Schlichtheit. Sehr oft schauen sie den Betrachter an; aber es ist kein zupackender, aktiver Blick, sondern ein versonnenes Schauen, das wie beiläufig auf dem Betrachter ruht, während die Gedanken ins Innere gehen. Nur

das reine Dasein, blühendes, entfaltetes, aber innehaltendes Leben bietet sich dar, der Lauf der Dinge, der unterbrochen wird, aufgehalten für einen ewigen Augenblick, in dem sich Einkehr oder Reflexion vollzieht. Doch ohne Ernst, zuweilen nur wie ein Vor-sich-hin-Träumen.
Immer sind Corots Gestalten allein; exemplarisch und doch nicht anonym, sondern konkrete Menschen, konkrete Modelle, die er zu allgemeinerer Bedeutung erhebt.
Ganz besonders in dem Bild des Belvedere wird das reine Dasitzen der Frau, die jede Tätigkeit hat sinken lassen, durch das wie unbeteiligte Herausschauen in entspannter Ruhe deutlich. Die junge Frau ist einfach, aber ihr Dasein wird als schön empfunden. Diese Schönheit liegt in der raffinierten Farbigkeit, den überaus fein aufeinander abgestimmten Farbwerten (den ›valeurs‹), von denen Corot so oft spricht und in denen seine große Meisterschaft liegt.
Zu Recht hat Meier-Graefe auf die inneren Zusammenhänge mit Vermeer und Chardin hingewiesen, obwohl Corot das Werk Vermeers wahrscheinlich nur wenig kannte. Bei beiden findet sich eine zart abgestufte, weiche Übergänge schaffende Farbigkeit. Bei Chardin wird das stille Sosein der Dinge, die Anmut des Alltäglichsten zum Thema. Die Bilder Vermeers erzählen vom inneren Halt der Welt, sind erfüllt von demselben Innehalten, vom Glanz eines Augenblicks, in dem sich alles die Waage hält und in vollkommener Harmonie verharrt.

Gustave Courbet (1819-1877)
Der Verwundete, um 1854
Öl auf Leinwand, 79,5 x 99,5 cm
Inv. 3276

Bei diesem Selbstbildnis Courbets handelt es sich um die spätere Wiederholung eines im Louvre befindlichen Bildes. Röntgenuntersuchungen haben ergeben, daß sich unter dem Louvre-Bild zwei weitere befinden. So fand man zunächst eine Frauenfigur, ohne Zusammenhang mit der gegenwärtigen Fassung, dann aber auch die Darstellung eines unter einem Baum liegenden Paares, in der eine junge Frau an der Schulter des Geliebten ruht. Zweifellos hat dieses Bild als Grundlage für das endgültige Bild gedient.
Courbet, der sich in seinen Bildern stets mit seiner Person wie mit seinem

Gustave Courbet, **Der Verwundete**

Honoré Daumier, **Sancho Pansa, unter einem Baum ausruhend**

Künstlertum auseinandersetzte, veränderte seine Porträts oft sehr frei je nach den verschiedenen Stimmungen und Auffassungen. Im Fall des *Verwundeten* könnte die schmerzliche Erfahrung der Trennung von seiner Geliebten der Anlaß gewesen sein, die sich in den Jahren 1851-54 vollzog. Hier sieht er sich vom Liebesschmerz verwundet und alleingelassen in abendlicher Landschaft.

Aber auch der Aspekt der Christusähnlichkeit seiner Gestalt darf nicht übersehen werden. Die Identifikation mit Christus gibt dem Künstler die Möglichkeit, seinen Status als von einem Ideal beseelter Außenseiter, als eines mit tieferer Einsicht ausgestatteten Gegenübers der Gesellschaft, unter deren Unverständnis er zu leiden hat, auszudrücken. Im Zusammenhang mit dem Sturz der Vendôme-Säule hat Courbet ganz explizit diesen Zusammenhang angesprochen: »Da steh ich nun an diesem Schandpfahl von einer Säule wie Jesus Christus, als er sein Kreuz trug.«

Honoré Daumier (1808-1879)
Sancho Pansa, unter einem Baum ausruhend, um 1860-70
Öl auf Leinwand, 100 x 81,5 cm
Inv. 1056

Ab der Mitte des 19. Jahrhunderts behandelte Daumier mehr als zwanzigmal die Thematik des Don Quijote. Der Roman von Cervantes gehörte zu den von ihm am meisten geschätzten Büchern. In den beiden Hauptfiguren Don Quijote und Sancho Pansa begriff er menschliche Grundzüge, Ideale und

bequeme Vordergründigkeiten, die Gefahr ihrer Lächerlichkeit und entdeckte wohl etwas von beiden in sich selbst.
Wiederholt hat Daumier das Auseinanderstreben der Willen dargestellt – den vorausstürmenden, neuen Abenteuern entgegenfiebernden Don Quijote, dem Sancho Pansa nur widerwillig nachfolgt, oder Don Quijote ritterlich, von Idealen erfüllt, während Sancho Pansa nur an seine Ruhe denkt. Vor allem aber hat Daumier, der ja immer Maler sein wollte und reine, nicht für den Ausstellungsbetrieb gedachte Werke schuf, das Problem von Licht und Schatten, von hell leuchtenden, zuweilen sehr bunten Farben und dunkel-toniger Einheitlichkeit interessiert.
Immer wieder gibt es den Durchblick aus dunkler, naher Umgebung in lichterfüllte Weite. Dieser Kontrast sorgt für eine überaus kraftvolle Bildgestaltung, verdichtet die Figuren zu vereinfachten, auf das Notwendigste reduzierten Gestalten und steigert die Kraft der Kontur, die Daumier ohne Scheu durch dunkle, konturierende Linien einsetzt. Die Folge ist eine Monumentalität und hohe Aussagekraft. Schon das gedrungene, zu gerundeter Form geschlossene Sitzen Sancho Pansas und die hoch aufragende, dürre Erscheinung Don Quijotes sprechen für sich. Daumier ist darin äußerst modern und unter anderem von großem Einfluß auf die Stilbildung Millets.

Charles-François Daubigny (1817-1878)
Herbstliche Aulandschaft, 1867
Öl auf Leinwand, 85 x 150 cm
Inv. 4467

Gegen Ende der 50er Jahre ging Daubigny dazu über, nicht nur Zeichnungen vor der Natur anzufertigen, um sie dann im Atelier auszuführen, sondern das Motiv direkt vor Ort in Öl zu malen. Zugleich wandte er sich den für ihn charakteristischen breiten und ausgewogenen Flußlandschaften zu, die zu den beliebtesten Motiven in seinen Bildern gehören. Er besaß ab 1857 sogar ein Atelierboot, mit dem er sich den Fluß (vornehmlich die Oise) hinuntertreiben ließ, bis er entsprechende Ansichten für seine Arbeiten gefunden hatte.
Der Pinselduktus im vorliegenden Beispiel ist bereits sehr locker, kurz gesetzt und duftig und besonders in den Wolken von großer Freiheit – schon mehr an der Impression interessiert als an naturalistischer Genauigkeit. Die auf Graugrün abgestimmte Palette ist kennzeichnend für diese Jahre seines Schaffens.
Daubigny war sicher der modernste der Maler von Barbizon, der vor allem durch seine unmittelbar vor der Natur gemalten großen Ölstudien den Zeitgenossen weit voraus war.

Charles François Daubigny, **Herbstliche Aulandschaft**

Jean-François Millet (1814-1875)
Die Ebene von Chailly mit Egge und Pflug
1862
Öl auf Leinwand, 60,3 x 73,6 cm
Inv. 2450

Millet hat seinen Bildern mit bäuerlichen Themen – verglichen mit den anderen Malern von Barbizon – immer eine tiefere Bedeutung zu geben gewußt, einen allgemeineren, oft symbolischen Charakter.
Diese Eigenart Millets beginnt sich um 1847 in einem Stil- aber auch Themenwandel zu entfalten. In den folgenden Jahren ist Millet ganz wesentlich Figurenmaler, und die Landschaft scheint hinter den monumentalen Gestalten an Bedeutung völlig zurückzutreten. Erst in den späten sechziger und vor allem den siebziger Jahren wird Millet zum eigentlichen Landschaftsmaler.
Die Ebene von Chailly mit Egge und Pflug ist ein Bild des Winters, des Stillstehens der Natur. Der Sommer mit seinem Leben ist fort – Egge und Pflug sind stumme Zeugen davon. Auch jedes menschliche Leben ist verschwunden – nur Ebene, reine, fast endlose Weite, in der das Auge instinktiv nach einem Halt, nach Rändern sucht. Es gibt vor Millet kaum ein vergleichbares Bild, das so bedingungslos die reine ebene Landschaft darzustellen versteht.
Die Egge im Vordergrund, deren Sparren den Blick in die Bildtiefe führen, und die Raben im weiten Grau des Himmels tragen noch zu dem Eindruck völliger Verlassenheit bei, den der Betrachter empfindet. Dennoch hätte Millet eine allzu melancholische Interpretation dieses Bildes – womöglich als Memento mori – nicht geschätzt, da seine tiefe Gläubigkeit gerade in der Schönheit der Natur und der einfachsten Dinge die Hand des Schöpfers erkannte und von ihnen tief beeindruckt war.

Auguste Renoir (1841-1919)
Nach dem Bade, 1876
Öl auf Leinwand, 92,4 x 73,2 cm
Inv. 1055

Auf der zweiten Impressionistenausstellung 1876 stellte Renoir sein berühmtes Bild *Le moulin de la Galette* aus; er hatte es in einem Garten an der Rue Cortot gemalt, wo auch zwei Akte seines Modells ›Anna‹ entstanden. Es ist reizvoll, die Darstellung des Belvedere mit den beiden anderen dieser Jahre nach demselben Modell zu ver-

Jean-François Millet, **Die Ebene von Chailly mit Egge und Pflug**

Auguste Renoir, **Nach dem Bade**

gleichen und seine Mittelstellung zu beobachten. Die Studie eines *Akts im Sonnenlicht* aus dem Musée d'Orsay ist im Freien gemalt und ganz dem fleckigen Spiel des Lichts und der Farbreflexe auf der weichen Haut der Frau gewidmet. Schimmernd und aus verschiedenen Tönen zusammengesetzt, erscheint der Körper ganz in dem momentanen Eindruck der Lichtwirkung und wird von dieser konstituiert. In einer anderen Darstellung von Anna (im Puschkin-Museum in Moskau) ist bereits eine Entwicklung angedeutet, die dann in den achtziger Jahren zu fest gebildeten, scharf durchgezeichneten Akten führen wird. Das ebenfalls im Freien gemalte Wiener Bild steht dazwischen und damit gleichsam in der Endphase von Renoirs Impressionismus; es läßt aber kommende Entwicklungen schon erahnen. So besitzt der Akt zum einen ganz den Schmelz der Plein-air-Malerei; zum anderen wird die Körperlichkeit bereits dichter gefaßt und spürbar plastisch durchgeformt. Vor allem aber beginnt sich Renoirs Streben nach größerer Allgemeinheit, nach Lösung vom Individuellen zugunsten eines Ideals von Weiblichkeit abzuzeichnen.

Edouard Manet (1832-1883)
Dame im Pelz, um 1880
Pastell auf Leinwand, 55,8 x 45,8 cm
Inv. 3867

In den letzten Lebensjahren, in denen Manet durch Krankheit in seiner Schaffenskraft zunehmend eingeschränkt wurde und große Kompositionen nicht mehr in Angriff nehmen konnte, malte er eine Fülle von Porträts und verwendete dazu häufig die Technik des Pastells.

Die *Dame im Pelz* ist eine mondäne Erscheinung, die selbstbewußt auf den Betrachter blickt; frei und anmutig trägt sie den Kopf über dem schlanken Hals. Ihr waches Herausschauen besitzt etwas Spontanes, eine zupackende Frische, so wie das ganze Porträt einen Augenblick, ein Jetzt wiedergibt. Wie in anderen Bildern Manets sind hier nur Schichten voreinandergeschoben; an echter Räumlichkeit ist er nicht wirklich interessiert, vielmehr am Kräftespiel der Farben. In der für ihn typischen Weise finden sich hier die starken Kontraste, die überscharfe Klarheit und die flachen Farben. Durch die dunkle Umrahmung von Gesicht und Büste wird das Inkarnat in seiner Wirkung noch viel schimmernder und kostbarer, erscheint die Haut durch den fasrigen Pelz noch viel glatter.

Eduard Mane, **Dame im Pelz**

Claude Monet, **Weg in Monets Garten in Giverny**

Raffiniert ist die Vielzahl zartester Töne in der Wiedergabe der Haut von lebendigem Anschein. Das saftige Grün des Hintergrunds mit einzelnen kostbaren Blüten schafft als Komplementärfarbe die weiche Harmonie zu dem warmen Inkarnat, den roten Lippen, dem Rouge der Wangen und dem Braun im Pelzbesatz ihres Mantels.
Manet war ein Schilderer des Zeitgenössischen, wenn auch nicht so radikal wie Toulouse-Lautrec. Er machte den modernen Menschen darstellungswürdig, zeigte die Malerkollegen und Dichterfreunde wie die feinen Damen und Maitressen der Gesellschaft in ihren Haltungen, ihrer Gestik, ihrer Mode, auch übertriebenen oder falschen Eleganz, doch meist voller Freude über das Malerische ihrer Erscheinung.

Claude Monet (1840-1926)
Weg in Monets Garten in Giverny, 1902
Öl auf Leinwand, 89,5 x 92,3 cm
Inv. 3889

Im *Garten in Giverny* ist die Freiheit des Pinselduktus von den Gegenständen gegenüber früheren Arbeiten noch größer geworden. Die Oberflächenqualitäten sind beinahe unwichtig, nur der reine Augeneindruck, das Spiel der Farben sollen Darstellung finden. Nicht wie die Dinge sind, ist von Bedeutung, sondern wie sie scheinen. Deshalb muß alles abgetan werden, was man über das Dargestellte weiß, muß ihre Erscheinung in Farbe aufgelöst werden. Die Bilder von Giverny stellen den Endpunkt dieses Prozesses dar. Jeder weitere Schritt bedeutet ein Verlassen

Vincent van Gogh, **Die Ebene von Auvers**

des Gegenständlichen und den Weg in die reine Malerei, einen Schritt, der von Monet und besonders manchen seiner späteren Zeitgenossen bald vollzogen wird. In der Ansicht des Gartens von 1902 dient die Auflösung in schimmernde Farbpunkte dazu, das flimmernde Licht und die Hitze eines frühen Nachmittags im Spätsommer zu veranschaulichen. Es ist die Zeit des gleißendsten Lichts, das dort, wo es die Blumenbeete unmittelbar trifft, die tiefe Pracht ihrer Farben aufleuchten läßt, während andere verhaltener scheinen; steil fallen die Schatten der Fichten von oben, werfen ihr Muster über den Kiesweg, der auf das rosenbewachsene Haus zuführt. In diesem stehen Tür und Fenster offen. Die Meisterschaft Monets in diesem Bild besteht in der Modulation der Leuchtkraft der Farben, die mit geballter Wucht strahlen oder gedämpfter wirken, nie aber in ihrem Farbwert gebrochen, unrein oder mit Schwarz abgedunkelt sind, sondern immer Farbe sind, der nur mehr oder weniger Licht entzogen zu sein scheint.

Im April 1883 war Monet nach Giverny gezogen, wo er viel Mühe in die Gestaltung des Gartens steckte, der von Monets Vorliebe für blaue Blumen, vor allem Iris, Zeugnis ablegte. »Was ich am allermeisten brauche, sind Blumen, immer und immer wieder«, bekannte er. Das Wiener Bild ist in der Zeit nach der Vergrößerung des Seerosenteichs entstanden, als Monet noch an der Arbeit an seinen Seerosenbildern gehindert war und daher bevorzugt in der Umgebung des Hauses malte.

Vincent van Gogh (1853-1890)
Die Ebene von Auvers, Juni 1890
Öl auf Leinwand, 50 x 101 cm
Inv. 1007

Die *Ebene von Auvers* ist eines von insgesamt zwölf Werken, die einen Zyklus des ländlichen Lebens bilden und von van Gogh farblich aufeinander abgestimmt wurden. So schrieb er seinem Bruder Theo, daß »dieses Bild sich äußerst gut neben einem anderen im Breitformat ausmacht, neben *Weizenfeldern* – denn das eine Bild ist ein Hochformat und rosa, das andere blaßgrün und gelbgrün, den Komplementärfarben zu Rosa«.
Eindrucksvoll gibt das Bild die große Weite der Landschaft wieder. Es wirkt wie reduziert auf wenige großgesehene Formen, die die Charakteristika der Gegend bezeichnen. Der blaugrüne Himmel vermittelt nicht das Leuchten eines klaren Tages, sondern eher die Stimmung nach dem Regen oder an einem trüben Tag.
Die starke Tiefenflucht, der hoch angelegte Horizont und die durch Überschneidung gewonnene Räumlichkeit vermitteln mit einfachsten Mitteln einen Eindruck von dem hügeligen Land um Auvers. Dazu kommt die Farbperspektive der immer einheitlicher blaugrün werdenden Töne gegen den Horizont, während im Vordergrund die Farben voller Frische leuchten und in ihrer satten Verschiedenheit einander steigern. Das Bild – ein Meisterwerk des Malers – erscheint in der Faktur wie auch in der Farbigkeit subtiler und raffinierter als viele andere Gemälde der letzten Wochen van Goghs.

Franz von Lenbach,
Weibliche Modellstudie

Franz von Lenbach (1836-1904)
Weibliche Modellstudie, 1861
Öl auf Leinwand, 73,3 x 48 cm
Inv. 8066

In Dreiviertelansicht, den Kopf vom Betrachter abgewendet, das Gesicht gerade noch im Profil lesbar und mit entblößten Schultern stellt Lenbach die junge Frau vor den Betrachter. Ein robuster Mensch ist hier gezeigt, wohl eine Bäuerin, mit muskulösen Schultern und Unterarmen. Das helle Inkarnat ist vor einen dunklen Hintergrund gesetzt und erhält durch diesen Kontrast große Leuchtkraft. Die Schilderung der Haut ist von warmer Lebendigkeit und Genauigkeit der Beobachtung; sie zeigt sich dunkler und von der Sonne gebräunt in Gesicht und Unterarmen, heller an den Schultern und ganz blaß auf der Brust. Diese naturalistische Schilderung der Details und der Wirkung des Lichts ist charakteristisch für die Jahre nach der Romfahrt von 1858/59, auf der die möglichst genaue Erfassung der Natur das Hauptziel gewesen war und Lenbach, wie er später selber bekannte, beinahe von einer Art Fanatismus für die Sonne und ihr pralles Licht erfaßt war.
Die Modellstudie erinnert an die Hirten- und Bauernbilder dieser Jahre und geht doch schon einen Schritt weiter. Der Hintergrund ist bereits abgedunkelt, die Modellierung kommt nicht mehr durch den harten Wechsel von Licht und Schatten mittäglicher Sonne zustande, sondern wird weicher abgestuft. Die raschen Pinselzüge gewinnen noch größere Offenheit. Während der Leib fest und dicht gemalt ist, wird der Hintergrund ganz dünn und offen behandelt, läßt teilweise sogar die

Leinwand durchscheinen und hat insgesamt fleckigen Charakter.
Darin und in der lockeren Schilderung der Bluse mit einem sich beinahe verselbständigenden Pinselstrich wird eine Freiheit des Duktus sichtbar, wie sie später bei Lenbach nie mehr zu finden ist. Auch diese Frische in der Wiedergabe des Inkarnats wird in einer später zunehmend salonartigen Massenproduktion nicht mehr erreicht. Das Bild, das in einer Zeit stilistischen Wandels Lenbachs entstand, gehört damit zu den bedeutendsten Werken des deutschen Realismus.

Wilhelm Leibl (1844-1900)
Bildnis der Gräfin Rosine Treuberg, 1877
Öltempera auf Holz, 88 x 66,8 cm
Inv. 1497

Nachdem Leibl Graf Ferdinand Fischler von Treuberg porträtiert hatte, wurde er von diesem 1877 auf sein zwischen Augsburg und Donauwörth gelegenes Schloß Holzen eingeladen, um seine Frau Rosine (geb. von Poschinger) zu malen.
Von Juni bis Oktober 1877 wohnte Leibl auf dem Schloß und schuf zwei Bilder der Gräfin: das auf Holz und in

Wilhelm Leibl , **Bildnis der Gräfin Rosine Treuberg**

Fritz von Uhde, **Fischerkinder in Zandvoort**

Tempera gemalte, kleinere des Belvedere, das die Frau stehend wiedergibt, und ein größeres, unvollendetes Leinwandbild in Öl (heute in Hamburg). Leibl schrieb darüber an seine Mutter: »... Ich wünsche nur, daß mir das Porträt der Gräfin gut gelinge, was aber sehr viel Arbeit kostet und ungemein schwierig ist, denn Damen sind immer etwas eitel und kann es ihnen ja ein Spiegel selten recht machen ...«
Leibl beweist in diesem streng gebauten Bild seine Meisterschaft in der Handhabung der Farbe. Außer dem Inkarnat herrschen Grautöne, Braungrau und sehr dunkles Blaugrau vor, die er auf das raffinierteste zu modellieren und mit innerer Leuchtkraft zu erfüllen verstand. Gleichzeitig vermitteln der distanziert beobachtende Blick der Frau, ihre streng gefaßte Haltung und die kühle Farbigkeit etwas von dem reservierten Charakter der Dargestellten, der enthüllter noch in dem zweiten Porträt zum Ausdruck kommt.
Leibl bedient sich dabei des Kunstgriffs des leicht gedrehten Kopfes mit aus den Augenwinkeln auf den Betrachter gerichtetem Blick, um das Kühl-Beobachtende ihres Wesens zu zeigen. Ihre Haltung ist nicht als ungelenke Komposition, sondern als abwägendes Schauen und In-sich-Zurückziehen der Frau zu verstehen.

Fritz von Uhde (1848-1911)
Fischerkinder in Zandvoort, 1882
Öl auf Leinwand, 60,2 x 80,2 cm
Inv. 537

Dem Zusammentreffen mit Liebermann im Jahr 1880 war es zu verdanken, daß Uhde die von Munkácsy erlernte tonige Helldunkelmalerei zugunsten eines lichterfüllten Pleinairismus aufgab. Denn Liebermann war es, der auf ihn einwirkte, im Freien und unmittelbar vor der Natur zu malen und der die Anregung zu einer Hollandreise gab. Uhde verbrachte daraufhin den Sommer 1882 in Zandvoort und ließ sich auch thematisch von seinem Vorbild beeinflussen. Gleichzeitig beweist Uhde, dem die Augen dadurch für das Licht geöffnet wurden, farblich seine Eigenständigkeit; sie ist bei aller malerischen Frische und einer allgemeinen Helligkeit von einer stärkeren Erdigkeit voller starker Kontraste und chromatisch weniger geschlossen als bei Liebermann.
Die *Fischerkinder in Zandvoort* dienten als vorbereitende Studie für das nach der Rückkehr in München geschaffene Bild *Der Leierkastenmann kommt*. Uhde zeigt uns einen quasi zufälligen Ausschnitt aus einem Hinterhof, einen Augenblick aus dem Lebensalltag von Fischerkindern, wie sie ihren

gewohnten Arbeiten und Spielen nachgehen. Dabei werden uns die Mädchen so geschildert, als wären sie von einem Vertrauten, der sie nicht weiter stört, gemalt worden. Sie haben nichts Gestelltes an sich und werden als Persönlichkeiten in ihrer Individualität geschildert, wodurch das Bild große Lebendigkeit erhält. Je weiter man in die Bildtiefe kommt, um so weniger dicht und genau sind die Einzelheiten gemalt, was dem Bild bereits einen impressionistischen Zug verleiht. Schon hat das Licht eine wichtige Rolle übernommen; wo es auftrifft, hebt es die Farben hell hervor, obwohl es sich, abgesehen vom Blau der Schürzen, weiterhin um erdige Töne handelt.

Lovis Corinth (1858-1925)
Dame am Goldfischbassin
(Die Gattin des Künstlers), 1911
Öl auf Leinwand, 74 x 90,5 cm
Inv. 1829

Corinths Bild ist voller Spontaneität, sowohl in seiner Faktur als auch im Festhalten eines beglückenden Augenblicks – es ist Niederschlag einer Impression. Immer wieder hat Corinths Frau von den raschen Entschlüssen ihres Mannes berichtet, Situationen, die ihm gefielen, möglichst sofort bildlich festzuhalten.
Es ist diese Unmittelbarkeit der Darstellung, vielleicht auch die Liebe zu seiner Frau, die ihn das so unübersichtliche, für sie und ihn aber so wertvolle Eck der Wohnung darstellen läßt, einfach so wie es ist, im unprätentiösen Ausschnitt, mit der Frische und Leuchtkraft der Farben, so wie sie Blumen, Blättern, Kleid oder Ziegelwand eigen sind. Dazu kommt die Kühnheit und Sicherheit, die architektonische Situation in dem Hauseck

Lovis Corinth, **Dame am Goldfischbassin (Die Gattin des Künstlers)**

wiederzugeben und nur durch die Fensterstürze im Hintergrund zu charakterisieren. Corinths Konzentration auf das Nahsichtige, auf den Vordergrund läßt das Draußen flach, unscharf, zur Folie werden. Die Draufsicht beinhaltet etwas Liebevolles. Das Aquarium und die Pflanzen werden dabei in dem Bildausschnitt ebenso wichtig genommen wie die Gestalt der Frau. Eindringlich werden alle Details geschildert, die Tapete, das Muster des Überzugstoffes des Sofas, die vielen Blumenvasen im Fenster. Alles ist bedeutsam, aber nicht nur das, es wird auch im Glanz eines schönen Nachmittages, des ins Zimmer fallenden und damit alles veredelnden Lichts geschildert, das sich im Vorhang verfängt, auf dem Fensterbrett liegt, über die glatten Flächen streicht, aus den Gläsern gebrochen wiederkehrt und so vielerorts Glanzpunkte aufsetzt.

Max Slevogt (1868-1932)
Badende Knaben, 1911
Öl auf Leinwand, 80,2 x 101,7 cm
Inv. 2826

1909 zog Slevogt nach Godramstein in die Pfalz, wo die Familie seiner Frau ein Landhaus (von Slevogt auch als ›Villa‹ bezeichnet) besaß, und verbrachte dort einige Jahre. Dabei entstand eine Fülle impressionistischer Bilder, die zu den gelungensten und ausgewogensten Schöpfungen Slevogts zählen.
Neben den *Badenden Knaben* hat Slevogt dem Teich im Garten des Anwesens in diesen Jahren mehrere Bilder gewidmet.
Im Gegensatz zu anderen Arbeiten Slevogts bleiben die Ansichten seines Gartens durchwegs ruhig, ausgeglichen, fast unbewegt; das Licht agiert in ihnen, doch im übrigen ist die Welt in glücklicher Stille. Im strengen Aufbau und der symmetrischen Anordnung verraten besonders die *Badenden Knaben* eine kompositorische Absicht in dieser Richtung. Das Bild ist von durchgehender Helligkeit erfüllt; die verwendeten Farben kehren fast überall im Bild wieder und lassen den Eindruck eines allgemein lichterfüllten Kolorismus entstehen. Voll und breit liegt das Sonnenlicht auf der Wiese hinter dem Teich, in der zwei der Knaben sitzen und zwei weitere dösend liegen; es ist dort so hell, daß sie sich farblich kaum abheben. Die spiegelnde Wasserfläche, die durch die Fontäne in ihrer Mitte in kreisförmigen Wellen versetzt wird, wirft aus ihrem dunklen Grund in hunderten Reflexen diese leuchtende

Max Slevogt, **Badende Knaben**

Max Liebermann, **Jäger in den Dünen**

Farbenpracht zurück. Darin stehen bis zur Hüfte die wohl mit einem Spiel beschäftigten beiden Knaben und betonen durch die Spiegelung bzw. den Schatten ihrer Körper die dunkle Glätte der Wasseroberfläche.

Max Liebermann (1847-1935)
Jäger in den Dünen, 1913
Öl auf Leinwand, 70,6 x 100,4 cm
Inv. 1638

Über das blasse Grün des Dünengrases schreitet ein Jäger mit seinen Hunden kräftig aus, die Schirmmütze in die Stirn gedrückt, die Flinte unter dem Arm. Erdig-kühl und einander verwandt sind die wenigen Farben; auch der Himmel ist von hellem Graublau. Während Jäger und Hunde mit dem Pinsel gemalt sind, ist die pastose Farbe der Dünen mit dem Spachtel aufgetragen, in zügigen Strichen, die das Bild in schräger Richtung überziehen. So entsteht mit einfachen Mitteln die Stimmung eines kühlen und windigen Tages am Meer, dessen herbe Frische sich in der Chromatik des Bildes erahnen läßt. Diese gleichgerichteten, aus benachbarten, aber doch jeweils verschiedenen Farbtönen gebildeten Spachtelzüge dienen dazu, das lange, vom Wind niedergelegte und einheitlich gerichtete Gras zu veranschaulichen und sind typisch für die Dünenbilder dieser Jahre.
Liebermann war 1871 erstmals und ab 1875 mit wenigen Ausnahmen jährlich in Holland und wurde dort von der Malerei des 17. Jahrhunderts nachhaltig angeregt. Darüber hinaus bot ihm die Landschaft eine Fülle von Motiven und ständig neue Problemstellungen. So entstand in der Folge eine große Zahl von Dünenlandschaften und Strandbildern. Besonders in den Dünenbildern kehren manche Grundkonstitutiva regelmäßig wieder: so der ansteigende, nächste Hang, über den man nicht hinaussieht, der ziemlich weit an den oberen Bildrand heranreicht und nur einen schmalen Himmelsstreifen freigibt, schließlich auch die wenigen, vereinzelten Figuren.
1913, als das Wiener Bild entstand, war Liebermann das letzte Mal in Holland. In Noordwijk entdeckte er das Motiv des Jägers mit Hunden und schuf eine Reihe von Skizzen, in deren Folge drei Fassungen in Öl entstanden.

Der Historismus

Die 1857 durch Kaiser Franz Joseph I. verfügte Abtragung der die Stadt Wien umgebenden Basteien und die daraufhin erfolgte großzügige Stadterweiterung, die den alten Kern mit den Vorstädten verbinden sollte, leitete eine Zeit reger Bautätigkeit ein. In den sechziger und siebziger Jahren entstand auf den Gründen der ehemaligen Befestigungsanlagen und des nun überflüssig gewordenen Glacis die als prunkvoller Boulevard geplante Ringstraße mit ihren großangelegten öffentlichen Bauten. Indem man sich bemühte, entsprechend dem Verwendungszweck eines Gebäudes einen adäquaten Stil zu wählen, kam es zu einem vielgestaltigen Nebeneinander verschiedener, wiederaufgenommener historischer Stile, woraus sich die Bezeichnung ›Historismus‹ ableitete. Im Sinne des barocken ›Gesamtkunstwerkes‹ wurden davon Architekten, Bildhauer und Maler in gleichem Maße erfaßt. Die wichtigste Persönlichkeit der ›offiziellen‹ Bildhauerkunst war Anton Dominik Ritter von Fernkorn. Zu seinen Hauptwerken zählen die beiden Reiterstandbilder des Erzherzog Carls und des Prinzen Eugen auf dem Wiener Heldenplatz sowie der *Löwe von Aspern*, von denen sich jeweils Reduktionen in der Sammlung der Österreichischen Galerie-Belvedere befinden. Zahlreiche Modelle von Caspar von Zumbusch (*Denkmal für Maria Theresia*), Viktor Tilgner, Rudolf Weyr und Edmund Hellmer vermitteln einen Überblick über die große Anzahl an Denkmälern, die die Wiener Ringstraße und ihre Parks zieren. Darüber hinaus geben Porträtbüsten, Ausstattungsbilder und gemalte Porträtdarstellungen Zeugnis vom hohen Repräsentationsbedürfnis des nobilitierten Großbürgertums, das durch die Leistungen in Technik und Wirtschaft zu Wohlstand gelangt war und seine neu errichteten Bauwerke schmücken wollte. Es war in erster Linie Hans Makart, der als Künstlerpersönlichkeit das Leben in Wien 15 Jahre lang wesentlich mitprägte. Sein Einfluß erstreckte sich nicht nur auf die Malerei, sondern bestimmte durch die legendären Feste in seinem berühmten Atelier weitgehend auch den Wohnstil und die Mode seiner Zeit. Neben groß angelegten Ausstattungsbildern im Stil der venezianischen Cinquecentomaler oder Peter Paul Rubens' (*Die modernen Amoretten*, *Die fünf Sinne*, *Venedig grüßt Catherina Cornaro*, *Bacchus und Ariadne*) schuf er auch reizvolle Genrebilder intimen Charakters (*Dame am Spinett*). Großer Beliebtheit erfreuten sich auch seine Porträts, in denen er den Damen der Gesellschaft durch die Verleihung ideeller Züge immerwährende Schönheit zukommen ließ (*Frau Magdalena Plach*). Einen großen Konkurrenten hatte Makart in dem 1873 nach Wien zurückgekehrten Hans Canon, dessen Malerei von kraftvoller Virtuosität war. In seinem Stil ganz an Anton van Dyck und Rubens orientiert (*Die Loge Johannis*, *Die Mittagsruhe*), schuf er als sein Hauptwerk das Deckenbild im Stiegenhaus des Naturhistorischen Museums, wovon sich die Skizze im Besitz der Österreichischen Galerie-Belvedere befindet (*Der Kreislauf des Lebens*).

Der zur Ausgestaltung des Festsaales der neu errichteten Akademie der bildenden Künste von Rom nach Wien berufene Anselm Feuerbach ist durch fünf seiner Hauptwerke vertreten, darunter *Orpheus und Eurydike*, *Medea an der Urne* und das *Bildnis von Frau Henriette Feuerbach*, der Stiefmutter des Künstlers. Wie Feuerbach entstammten auch Franz von Stuck (*Verirrt*) und Carl Spitzweg (*Hagestolz*) der Münchner Akademie. Arnold Böcklin, der in Italien zum engen Freundeskreis Feuerbachs zählte, zeigt im *Bildnis des Malers Franz von Lenbach* einerseits seine Auseinandersetzung mit der italienischen Malerei der Renaissance und bekundet andererseits in der *Meeresidylle* seine

Vorliebe für die allegorisierende Symbolik der antiken Mythologie. Auch Anton Romako hatte sich viele Jahre in Rom aufgehalten, wo er hauptsächlich Porträts und Szenen aus dem Volksleben in der Campagna schuf. Wieder in Wien, stieß seine Malerei, die durch eine gewisse Überzeichnung realer Gegebenheiten gekennzeichnet war (*Tegetthoff in der Seeschlacht bei Lissa, Die beiden Freundinnen, Rosenpflückendes Mädchen, Gräfin Maria Magda Kuefstein*), jedoch weitgehend auf Unverständnis. Mit seinen Ansichten aus dem Gasteinertal von demselben Standpunkt zu verschiedenen Tages- und Jahreszeiten bewies Romako ein dem französischen Impressionismus nahestehendes Denken.

Die Auseinandersetzung mit Fortschritt und Technik setzte in der österreichischen Malerei im Gegensatz zu Frankreich und England relativ spät ein und blieb auf wenige Beispiele beschränkt. Karl Kager würdigte mit einer *Ansicht vom Nordwestbahnhof in Wien* die Entwicklung des Eisenbahnwesens. *Die Heimkehr von der Weltausstellung* von August Schaeffer von Wienwald gedenkt des großen Ereignisses von 1873. Obwohl die Wiener Landschaftsmaler im Zuge dieser Ausstellung bereits mit der französischen Pleinairmalerei der ›Schule von Barbizon‹ konfrontiert worden waren, gab es neben den sogenannten ›Stimmungsimpressionisten‹ das Fortbestehen einer konservativ orientierten Gruppe, die bis weit in das letzte Jahrhundertviertel hinein einer naturalistischen Landschaftsauffassung treublieb (Anton Hansch, *Der Stubaiferner in Tirol*, *Der Palügletscher*, Carl Hasch, Ludwig Halauska). Das um die Mitte des 19. Jahrhunderts einsetzende Interesse für den Orient manifestiert sich in den Arbeiten von Alois Schönn und Emanuel Stöckler, am eindrücklichsten aber in den Werken Leopold Carl Müllers, der durch zahlreiche Ägyptenaufenthalte, teils von mehreren Monaten Dauer, das orientalische Leben in unvergleichlichen Werken festzuhalten vermochte (*Der Markt in Cairo, Die Schule in Algier, Nefusa*).

Generell zeichnet sich die Zeit des Historismus durch eine rege Wandertätigkeit und einen internationalen Austausch von Künstlern aus: Anton Romako hielt sich fast zwei Jahrzehnte in Rom auf. Der Salzburger Hans Makart und die aus Deutschland stammenden Anselm Feuerbach und Anton Dominik Ritter von Fernkorn wurden von München bzw. von Rom zur Ausgestaltung der öffentlichen Bauwerke nach Wien berufen, und Hans Canon und Moritz von Schwind kehrten nach einem mehrjährigen Aufenthalt in Deutschland aus demselben Anlaß in ihre Heimatstadt zurück. Auch die malerischen Ausgestalter des Wiener Arsenals, Carl von Blaas und Karl Rahl, verbrachten viele Jahre ihres Lebens im Ausland. Die reiche Bautätigkeit kurbelte somit das heimische Kunstgeschehen wesentlich an. Dazu kam 1861 die Gründung der ›Genossenschaft bildender Künstler Wiens – Künstlerhaus‹, die durch ihre repräsentativen Ausstellungen und sonstigen Aktivitäten neben der alteingesessenen Akademie der bildenden Künste ein wichtiger Träger künstlerischen Schaffens wurde. Eine die Sammeltätigkeit der Kaiserlichen Gemäldegalerie ergänzende Institution wurde das 1848 gegründete Ministerium für Cultus und Unterricht, das über finanzielle Mittel zur Förderung von Gegenwartskunst durch Stipendien, Ankäufe und Aufträge verfügte. In Hinblick auf die Errichtung einer ›Modernen Galerie‹ kaufte man bereits ab 1851 Werke lebender Künstler, die vorläufig in der Akademie der bildenden Künste deponiert wurden und die dann als Dauerleihgabe in den Besitz der Österreichischen Galerie-Belvedere übergingen.

Anton Dominik Ritter von Fernkorn
(1813-1878)
Reiterstatuette des Erzherzogs Carl zu Pferd mit Fahne, um 1860
Bronze H: 60 cm
Inv. 4781

Fernkorn erwarb sich neben dem Studium an der Münchner Akademie die technischen Kenntnisse im Gußverfahren an der königlich bayerischen Erzgießerei. 1847, sieben Jahre nach seiner Übersiedlung nach Wien, wurde ihm vom Kaiserhaus der Auftrag erteilt, einen Entwurf für ein Reiterstandbild zu liefern, das dem Sieger der Schlacht von Aspern (1809), Erzherzog Carl, gewidmet sein sollte. Der Weg zur straffen Form innerhalb des Ensembles ist anhand einer Anzahl von Entwürfen nachvollziehbar, wobei für die Endfassung in erster Linie eine inhaltliche Aussage maßgeblich war: Das dynamische Bewegungsmotiv geht auf den überlieferten Schlachtenbericht zurück, demzufolge Erzherzog Carl mit dem Ergreifen der Fahne die Soldaten angefeuert und damit den Sieg über die Truppen Napoleons bewirkt haben soll. Vorbild für die Gestaltung des Monuments waren die Gemälde *Napoleon am St. Bernhard* von Jacques Louis David (1801, Österreichische Galerie Wien) und *Erzherzog Carl mit seiner Suite in der Schlacht bei Aspern* von Johann Peter Krafft (1819, Heeresgeschichtliches Museum Wien). Bemerkenswert ist vor allem die technische Lösung hinsichtlich des Standmotives auf nur zwei Punkten. Dieser Versuch konnte seit Leonardo da Vincis *Reiterstandbild des Francesco Sforza* bisher kaum realisiert werden. Obwohl die endgültige Fassung schon 1848 vorlag und allgemein Zustimmung gefunden hatte, erfolgte aufgrund der politischen Wirren die offizielle Auftragserteilung erst im Jahr 1853. Die Ausführung des Bildwerkes war zugleich Anlaß zur Gründung der kaiserlichen Erzgießerei,

Anton Dominik Ritter von Fernkorn, **Reiterstatuette des Erzherzog Carl zu Pferd mit Fahne**

Hans Canon,
Die Loge Johannis

die in der alten k. k. Kanonengießerei in der heutigen Wiener Gußhausstraße eingerichtet wurde und deren Nutzung Fernkorn 1856 für drei Jahre übergeben wurde. Die Enthüllung des Denkmals fand am 22. Mai 1860 am Wiener Heldenplatz statt. Das vorliegende Werk ist eine nach dem Denkmal gefertigte Reduktion des Standbildes.

Hans Canon (1829-1885)
Die Loge Johannis, 1873
Öl auf Leinwand, 320 x 208 cm
Inv. 2083

Hans Canon war einer der bedeutendsten Maler des Historismus in Wien. In Anlehnung an barocke Bildtraditionen schuf er mit Vorliebe allegorische Darstellungen, die einen starken Einfluß von Peter Paul Rubens erkennen lassen; daneben genoß er als Porträtmaler hohes Ansehen.

Der Gedanke zu dem Gemälde *Die Loge Johannis* entstand noch während seines langjährigen Aufenthaltes in Süddeutschland (München, Stuttgart, Karlsruhe), wo er verstärkt mit den Liberalisierungsforderungen in der Religionshaltung konfrontiert wurde. Es zeigt die Gegenüberstellung von Moses und dem Christusknaben mit den Vertretern der verschiedenen Richtungen der irdischen Kirche. Demutsvoll legen der Papst als Statthalter Christi in Rom und der Patriarch der griechischen Kirche ihre Herrschaftszeichen nieder, während die den Luthertismus symbolisierende Figur auf die Bibelstelle »Liebet Euch untereinander« verweist und der Vertreter der

anglikanischen Kirche eine Schriftrolle anbietet, um auf seine Sondertitel zu verzichten. Der Bildtitel bezieht sich auf Johannes den Täufer, der als Mittlerfigur auf die gemeinsame Wurzel der abendländischen Religion aufmerksam macht und somit die kirchlichen Religionsvertreter zur reuevollen Rückbesinnung bewegt. Neben der geforderten Gleichstellung der verschiedenen Konfessionen ist hier jedoch vor allem der Wunsch nach Versöhnung zwischen Christen- und Judentum nicht zu übersehen.
Canon erregte mit der Präsentation dieses Gemäldes auf der Wiener Weltausstellung von 1873 großes Aufsehen, daher wurde es auf Wunsch des Kaiserhauses unter dem Titel *Vereinigung der kirchlichen Sekten* für die kaiserliche Gemäldesammlung erworben.

Hans Makart (1840-1884)
Bacchus und Ariadne, 1873/74
Öl auf Leinwand, 476 x 784 cm
Inv. 2097

Hans Makart ist neben Hans Canon und Carl Rahl der bekannteste Maler der ›Wiener Ringstraßenzeit‹, jener Epoche, die durch ihre maßgeblichen städtebaulichen Veränderungen und durch wirtschaftlichen Aufschwung geprägt war. Seine Bedeutung ist vor allem kulturgeschichtlicher Natur und liegt in den ›historischen‹ Festen begründet, die er in seinem legendären Atelier in der Wiener Gußhausstraße (in der ehemaligen k.k. Erzgießerei Fernkorns) veranstaltete, aber auch in dem von ihm ausgestatteten Jubiläumsfestzug zu Ehren der Silbernen Hochzeit des Kaiserpaares (1878). Hans Makart, der an der Münchner Akademie zum Maler ausgebildet worden war, genoß vor allem als Porträtmaler hohes Ansehen; er verstand es vorzüglich, dem Repräsentationsbedürfnis der Vertreter des Großbürgertums zu entsprechen. Daneben kamen seine großangelegten Gemälde mit historischen, literarischen oder mythologischen Themen den Wünschen der Bevölkerung besonders entgegen, da durch die Betonung der sinnlichen Komponente die Schaulust befriedigt wurde. Obzwar ein gewisser Eklektizismus in seinen Werken evident ist, verstand er es jedoch vortrefflich, Elemente der venezianischen Cinquecentomalerei eines Tizian oder Paolo Veronese mit jenen von Peter Paul Rubens zu verbinden und diese in Form von homogenen und kraftvollen Kompositionen seiner virtuosen Malweise unterzuordnen. Diese motivliche Herkunft ist auch in dem dionysischen Fest von *Bacchus und Ariadne* festzustellen. Der thematisch bedingten

Hans Makart, **Bacchus und Ariadne**

Anselm Feuerbach,
Orpheus und Eurydike

Ausgelassenheit entspricht der sich innerhalb der verschiedenen Figurengruppen stets erneuernde Bewegungsfluß, der in der triumphierenden Pose Ariadnes mit dem Thyrsosstab in der Hand gipfelt. Die Szene war ursprünglich als Mittelteil des Vorhanges für die neu eröffnete Komische Oper an der Ringstraße gedacht; wegen der zu starken Oberflächenspiegelung des in Öl ausgeführten Gemäldes wurde die Darstellung jedoch nicht seiner Bestimmung zugeführt.

Anselm Feuerbach (1829-1880)
Orpheus und Eurydike, 1869
Öl auf Leinwand, 200 x 126,5 cm
Inv. 1719

Feuerbach war als Sohn eines Archäologen von Kindesalter an mit den Themen der antiken Geschichte, Literatur und Mythologie vertraut und griff nach dem Studium an den Akademien in Düsseldorf, München und Antwerpen immer wieder auf dieses Genre zurück. Mit dem Stoff der Orpheus-Sage beschäftigte er sich seit 1866. Orpheus, der göttliche Sänger der Griechen, konnte mit seinem Gesang Tiere und Pflanzen bezaubern. Nachdem seine Gemahlin Eurydike am Biß einer Schlange gestorben war, drang

Anton Hansch, **Der Stubaiferner in Tirol**

er klagend und singend bis zum Beherrscher der Unterwelt vor. Hades, beeindruckt von den Klagen des Sängers, ermöglichte die Rückkehr Eurydikes aus dem Reich der Toten mit der Auflage, Orpheus dürfe sich auf seinem Weg zum Licht nicht nach ihr umblicken. Im vorliegenden Bild eilt der Sänger rasch vorwärtsstrebend dem Ziel entgegen. Allein im zögernden Ausschreiten Eurydikes läßt sich der Fortgang der Geschichte ablesen: Bald wird sich Orpheus besorgt nach ihr umwenden und sie für immer verlieren. Das Thema ›Orpheus und Eurydike‹ ist in der Kunst des 19. Jahrhunderts nicht selten anzutreffen; im Gegensatz zu der sonst üblichen gestenreichen Dramatik, die den Verlust der Frau darstellt, versuchte Feuerbach, die innere seelische Spannung der beiden Personen sichtbar zu machen und die Geschichte allein aus den Figuren heraus zu erklären. Das monochrome Erscheinungsbild, die Blockhaftigkeit sowie die strengen Faltenzüge, die die Körperformen beinahe völlig negieren, verleihen der Darstellung den Charakter einer gemalten Steinskulptur. Der Maler beschäftigte sich während seines langjährigen Aufenthaltes in Rom (1857-72) nachweislich mit den Bildhauerarbeiten der griechisch-römischen Antike. Daraus erklärt sich auch das bildliche Zitat der Kithara mit dem Marsyasrelief am Arm des Orpheus, das wörtlich einer Apollostatue der Vatikanischen Museen entnommen ist (Muthmann). Orpheus in enger Verknüpfung mit dem Apollo-Mythos wurde von Feuerbach somit als Verkörperung des Künstlers allgemein aufgefaßt.

Anton Hansch (1813-1876)
Der Stubaiferner in Tirol, um 1875
Öl auf Leinwand, 95 x 126 cm
Inv. 3084

Anton Hansch, der an der Wiener Akademie zum Landschaftsmaler ausgebildet wurde, fand in den dreißiger und vierziger Jahren im Hochgebirge sein bevorzugtes Bildmotiv. In der Darstellung schroffer Bergformationen, wilder Wasserfälle und tiefer Schluchten entwickelte er im Laufe der Jahre einen naturalistischen Landschaftsstil. Die dramatische Übersteigerung der Gegebenheiten, die hier die Bergsteiger vor dem mächtigen Gletscher zu unbedeutenden Individuen werden läßt, wird zu einem ständig wiederkehrenden Ausdrucksmittel in seinen Gemälden. Auf ausgedehnten ›Arbeitsreisen‹ in die bayerischen, österreichischen und südtiroler Alpen fertigte Hansch unzählige Studienblätter nach der Natur, die ihm im Atelier als Vorlage für seine großformatigen Bilder dienten. Die gleichzeitig in Frankreich vollzogene Hinwendung zur pleinairistischen Malerei fand in seinen Gemälden keinen Niederschlag, obwohl diese Werke spätestens seit der Weltausstellung 1873 in Wien bekannt waren, großes Aufsehen erregten und bereits Nachfolge gefunden hatten.

Leopold Carl Müller (1853-1892)
Markt in Kairo, 1878
Öl auf Leinwand, 137 x 216 cm
Inv. Lg. 353

Das Interesse für den Orient setzte in der Wiener Malerei um die Mitte des 19. Jahrhunderts ein. Es war allerdings nur eine kleine Gruppe von Künstlern, die sich dieser Faszination hingab. Ebenso klein war auch der Abnehmerkreis von Orientbildern in Wien, so daß Werke dieses Genres heute nur vereinzelt in österreichischen Sammlungen anzutreffen sind. Groß hingegen war das Kaufinteresse in England und Frankreich, bei jenen Nationen, die selbst Werke von hoher Qualität auf diesem Gebiet hervorgebracht hatten. Der bedeutendste unter den Wiener Orientmalern war Leopold Carl Müller. Das vorliegende Gemälde entstand im Auftrag des österreichischen Ministeriums für Cultus und Unterricht, wobei sich der Künstler gegen eine verordnete Themenvorgabe ausdrücklich verwahrt hatte, wie aus dem überlieferten Briefwechsel hervorgeht: Eine Handlung würde die Stimmung des Ortes zweitrangig werden lassen, ihm ginge es vielmehr um die Vermittlung des Gesamteindruckes der Stadt, um eine Zustandsschilderung. Das Gemälde ist teilweise vor Ort und teilweise in Müllers Atelier in Venedig gemalt worden und begleitete ihn auf seinen vielen Reisen zwischen Italien und Kairo, wobei auch ein Teil der im Atelier entstandenen Figuren unter dem Eindruck der ägyptischen Sonne korrigiert wurde. Diese Schilderung des täglichen Lebens in Kairo, das eingehende Studium der unterschiedlichen Menschentypen, ihrer Gesten sowie ihrer Kleidung, vor allem aber die alles überwölbende Licht- und Dunstglocke, die das farbliche Erscheinungsbild des Ortes prägt, macht den *Markt in Kairo* zu einem der Hauptwerke der realistischen Orientbilder in gesamteuropäischem Rahmen.

Leopold Carl Müller, **Markt in Kairo**

Anton Romako, **Tegetthoff in der Seeschlacht bei Lissa I**

Anton Romako (1832-1889)
Tegetthoff in der Seeschlacht bei Lissa I
um 1878/80
Öl auf Holz, 110 x 82 cm
Inv. 5032

Mit dem vorliegenden Bild schuf Romako eines der ungewöhnlichsten Historienbilder des 19. Jahrhunderts. Es bezieht sich auf die Seeschlacht bei Lissa (1866), in der Admiral Wilhelm von Tegetthoff als Befehlshaber der österreichischen Flotte die Italiener besiegt hatte. Romako unterließ es, das Ereignis in einem traditionellen Schlachtenbild darzustellen: Aktion und Dramatik sind auf die Kommandobrücke des österreichischen Flaggschiffes konzentriert, als Zeitpunkt ist jener Moment gewählt, der kurz vor dem entscheidenden Rammstoß alle Beteiligten in erwartungsvolle Spannung versetzt. Verdeutlicht wird dieser Augenblick durch die fliegenden Splitter einer krepierenden Granate links über dem Steuerrad; das Schiff selbst ist in Dampf und Pulverrauch gehüllt. Die Konzentration auf eine rein psychologische Schilderung der Beteiligten des Ereignisses wurde von zeitgenössischen Kritikern abgelehnt. Ebenso stießen sie sich an der allzu menschlichen und dadurch unheldenhaften Körperhaltung Tegetthoffs. Aber gerade der Mensch Tegetthoff, der um den Ausgang seines Schlachtplans bangt, war dem Maler wichtig, nur so konnte er der genialen Tat eine entsprechende Würdigung zukommen lassen.

Anton Romako (1832-1889)
Gräfin Maria Magda Kuefstein
(geb. Krueger), 1885/86
Öl auf Leinwand, 79 x 63 cm
Inv. 3803

Nach seinem langjährigen Aufenthalt in Rom (1857-76) fiel es Romako schwer, in Wien Fuß zu fassen. Das Publikum, dessen Geschmack an den jugendlich geschönten Bildnissen Hans Makarts geschult war, fühlte sich von der expressiven Malerei Romakos weitgehend überfordert. Durch die Gunst Karl Graf Kuefsteins war es dem Maler jedoch vergönnt, weitgehend ohne Sorgen seiner Arbeit nachzugehen. Bei einem der Aufenthalte im niederösterreichischen Schloß Greillenstein entstand das vorliegende Bildnis der Gräfin Maria Magda Kuefstein. Die Worte »Sie sehen, daß das Portrait der gnäd. Frau Gräfin gefallen hat trotzdem ich nicht geschmeichelt habe‹ in einem Brief des Künstlers an den Auftraggeber dokumentieren die ehrliche Einstellung des Malers zu seinem Modell: die Frau besticht weder durch Jugend noch durch Schönheit, sondern durch die Würde und Vornehmheit ihrer Haltung. Der fein gemalte Kopf mit den fast überrealistisch gezeichneten blonden Locken wird von einem zarten Schleier umfangen, der sich in seinem weiteren Verlauf scheinbar versteifend vor die Brust legt und dadurch die Konturen des Kleides verwischt. Diese Verunklärung der Körperformen verleiht dem Porträt gemeinsam mit der kühlen Farbigkeit einen ideellen Charakter und erhebt es auf eine andere Realitätsebene – auf eine, die dem Andachtsbild sehr nahe kommt. Ein Eindruck, der durch den fast überplastisch gemalten Rosenstrauß in der vorderen Bildecke noch verstärkt wird.

Anton Romako, **Gräfin Maria Magda Kuefstein**

Wien um 1900 – Klassische Moderne

Das bildkünstlerisch-kulturelle Klima Wiens um die Jahrhundertwende war ganz wesentlich von Gustav Klimt und der von ihm mitgegründeten Secession geprägt. Klimt war durch sein ruhiges und festes Auftreten eine dominierende Erscheinung. Das begann mit dem Austritt der Secessionisten aus dem Künstlerhaus 1897, setzte sich fort beim Austritt der ›Klimtgruppe‹ aus der Secession 1905 und der Organisation der Kunstschau 1908 und fand auch seinen Niederschlag darin, daß Klimts Werke in einer Reihe von Ausstellungen den Mittelpunkt bildeten.
Schon bei der Gründung der ›Vereinigung bildender Künstler – Secession‹ im Jahre 1897 war Klimt einer der stärksten Wortführer und treibende Kraft bei der Förderung der Idee eines eigenen Ausstellungsgebäudes gewesen, das schließlich von Josef Maria Olbrich verwirklicht wurde. In der Kunstzeitschrift ›Ver sacrum‹ (Heiliger Frühling) trug die Secession auch programmatisch ihre neuen Ideen vor. Es kam zu einem Aufbruch in allen Künsten, zu einer Blüte der Kreativität, die Wien eine große Zahl bedeutender Künstler und höchster Meisterwerke bescherte. In der Architektur war Otto Wagner die Leitgestalt der Erneuerung, der ein neues Ethos der architektonischen Sprache verlangte und in seiner Schar bedeutender Schüler große Wirkung hatte. Es folgte Adolf Loos mit noch weitaus radikaleren Forderungen und seiner berühmt gewordenen Verurteilung des sinnentleerten Ornaments. Die von der Secession vertretene Idee des Gesamtkunstwerks, der formalen Gestaltung aller Lebensbereiche aus einem Guß, führte zu einem ungeheuren Aufschwung des Kunsthandwerks und 1903 zur Gründung der Wiener Werkstätte, für deren meist handgefertigte Erzeugnisse Künstler wie Josef Hoffmann, Koloman Moser, Bernhard Löffler, Carl Otto Czeschka oder Dagobert Peche die Entwürfe lieferten. Die ›Stilkunst‹ wurde zur breiten Bewegung, der Maler wie Max Kurzweil, Carl Moll oder die Malerin Broncia Koller-Pinell folgten.
Es darf aber auch nicht übersehen werden, daß viele der Anstöße zur ›Stilkunst‹ des Wiener Jugendstils, aber auch zur neuen Ausdruckskunst des österreichischen Frühexpressionismus gerade durch Vermittlung der Secessionisten, allen voran Gustav Klimt, Carl Moll und Joseph Engelhart kamen, die mit einer konsequenten Ausstellungstätigkeit die moderne und teilweise auch zeitgenössische europäische Kunst nach Wien brachten und damit der jüngeren Generation um Schiele, Kokoschka, Faistauer, Gütersloh oder Harta die Voraussetzung schufen, neue Möglichkeiten zu entdecken. Gustav Klimt, dem ersten Präsidenten der Secession, und seinen Mitstreitern war es ein echtes Bedürfnis, Wien aus seiner kulturellen Einengung auf den Donauraum und die Kronländer zu befreien und mit der europäischen Moderne zu konfrontieren. Zwar hatten interessierte Sammler schon seit längerem die Malerei der ›Schule von Barbizon‹ und der Frühimpressionisten gesammelt und hatte das Künstlerhaus vereinzelt Ausstellungen europäischer Künstler veranstaltet, doch bestand im allgemeinen und vor allem in Bezug auf die interessierte Öffentlichkeit ein großer Nachholbedarf. Das Anliegen der Secessionisten wurde auch durch namhafte Publizisten unterstützt, darunter besonders Ludwig Hevesi, ohne den der Wiener Jugendstil nie diese Berühmtheit erlangt hätte, sowie Berta Zuckerkandl und Hermann Bahr.
So hieß es im Katalog der ersten Ausstellung der Wiener Secession: »Nachdem der größte Theil unseres Publicums bisher in süsser Unkenntnis über die machtvolle Kunstbewegung im Auslande gelassen wurde, waren wir gerade bei unserer ersten Ausstellung bestrebt, ein Bild der modernen Kunst

des Auslandes zu bieten, damit das Publicum einen neuen und höheren Maßstab für die Bewertung der heimischen Hervorbringungen erhalte.«
In der ersten Ausstellung der Secession, die 1898 noch in der Gartenbaugesellschaft stattfand, wurden neben Werken der österreichischen Mitglieder auch Arbeiten von Arnold Böcklin, Eugène Carrière, Fernand Khnopff, Alphonse Mucha, Auguste Rodin (15 Werke), Franz von Stuck und James Abbott McNeill Whistler gezeigt. Schon kurz darauf, im April 1898, präsentierte das Künstlerhaus als Reaktion – und sehr zum Unwillen der Secessionisten – in einer ›Jubiläumskunstausstellung‹ viele Arbeiten derselben Maler, aber auch von Claude Monet und Giovanni Segantini.
Auf der zweiten Ausstellung der Secession im gleichen Jahr, die der Einweihung des Secessionsgebäudes von Josef Maria Olbrich diente, waren u. a. Anders Zorn und Fernand Khnopff, ein Jahr später Walter Crane, Eugène Grasset, Max Klinger, Constantin Meunier, Félicien Rops und Theo van Rysselberghe vertreten. Neben den Angeführten waren auch viele Salonmaler zu sehen, die nur eine äußerliche stilistische Anpassung an die neuen Strömungen vollzogen hatten und wohl gerade deshalb so erfolgreich waren. Aber die erwähnten Namen zeigen, wie man bemüht war, innerhalb kürzester Zeit ein breites Panorama der künstlerischen Möglichkeiten und stilistischen Entwicklungen vorzuführen. Dabei läßt sich erkennen, daß die Interessen weitgefächert waren und nicht auf Paris beschränkt blieben. Zu Recht hat man darauf hingewiesen, daß zur Zeit dieser ersten Secessionsausstellungen in Paris nicht mehr der Impressionismus, sondern vielmehr der hinter den Hervorbringungen Puvis de Chavannes', Odilon Redons, der Nabis oder der Maler von Pont Avon stehende Symbolismus die Kunstrichtung war, die das meiste Interesse erweckte. Die großen Retrospektivausstellungen über van Gogh, Gauguin oder Cézanne setzten erst nach 1900 ein, während ihre Kunst zuvor eingeweihten Künstlerzirkeln vorbehalten geblieben war.
Waren im Jahr 1899 im Österreichischen Museum für Kunst und Industrie japanische Holzschnitte gezeigt worden, so widmete sich die 6. Secessionsausstellung des Jahres 1900 ganz dem Thema japanischer Kunst, um so eine der Grundlagen europäischer Moderne und auch der eigenen Linienkunst und dekorativen Flächigkeit des Jugendstils zu veranschaulichen. Klimts Werk war in seiner Forcierung des eigenwilligen Ausschnitts, der Unräumlichkeit, Betonung ornamentaler Flächen und der Schönlinigkeit der Kontur ohne den Einfluß des japanischen Holzschnitts undenkbar. Schieles ausdruckstragende Außenlinien, auch die Vereinzelung seiner Bildgegenstände, die Reduzierung auf die aussagekräftige Einzelform und der Verzicht auf Bildtiefe hatte aus der japanischen Kunst nicht wenige Anregungen bezogen, manche über die Vermittlung von Klimts Werk. Besonders er sollte hier vieles entscheidend weiterdenken.
Im Rahmen der 9. Ausstellung der Secession 1901 wurde eine Gedächtnisausstellung zu Giovanni Segantini gezeigt, auf der das Gemälde *Die bösen Mütter* von der Secession angekauft wurde, um damit einen Beitrag zu einem zu gründenden Museum der Moderne zu leisten. Denn zu diesem Engagement, die wichtigsten gleichzeitigen Kunstentwicklungen im übrigen Europa darzustellen, gehörte auch die jahrelange Forderung der Secession nach Gründung und Errichtung eines Museums moderner Kunst, welches die österreichische Kunst in den Kontext der internationalen Kunstentwicklung stellen sollte. Als ihren Beitrag zur Gründung der ›Modernen Galerie‹, die 1903 im Unteren Belvedere in Wien eröffnet wurde und sich zur heutigen Österreichischen Galerie – Belvedere entwickelte, schenkte die Secession dem Staat eine Reihe von Bildern und Plastiken, darunter van Goghs *Ebene von Auvers* (1890), die erwähnten *Bösen Mütter* Segantinis (1894) und einen Gipsabguß der *Porträtbüste Henri de Rochefort-Lucay* (vor 1897) von Rodin, so daß auch in einer ständigen Sammlung eine Möglichkeit des Studiums dieser Kunstrichtungen gegeben sein sollte. Segantinis Gemälde *Die bösen Mütter* war eines der Bilder, die später Schiele auf neue Ausdrucksformen aufmerksam machten.
Neben der Ausstellungstätigkeit war auch die Publikation der Secession, die Zeitschrift ›Ver Sacrum‹, dazu angetan, Anregungen zu liefern. So widmete sie z. B. 1901 ein Sonderheft Jan Toorop, dessen symbolistische Bildsprache für Klimt in seinem Beethovenfries, aber auch Bildern wie *Wasserschlangen*

(1904-07) große Bedeutung erlangen sollte. Die große Ausstellung des Jahres 1903 mit dem Titel ›Die Entwicklung des Impressionismus in Malerei und Skulptur‹ ließ vollends den didaktischen Anspruch der Secessionisten erkennen. Von den international bekannten Streitern für die moderne Kunst, den Kunstschriftstellern Octave Maus, Julius Meier-Graefe und Richard Muther zusammengestellt, schlug sie über Arbeiten von El Greco, Velázquez, Rubens, Vermeer, Tintoretto und Goya einen Bogen zu den französischen Impressionisten und Postimpressionisten und vergaß dabei nicht, den Beitrag japanischer Holzschnitte vorzuführen. Auch Vertreter der – wie es hieß – ›Übergänge zum Stil‹, darunter van Gogh, Toulouse-Lautrec, Bonnard, Vuillard und Maurice Denis, wurden präsentiert und Arbeiten für die ›Moderne Galerie‹ angekauft, darunter Monets Bildnis des Kochs Paul Antoine Graff.

Mit Ausstellungen wie dieser wurde eine nachhaltige Geschmacksänderung des Wiener Publikums bewirkt.

1904 waren auf der 19. Ausstellung der Secession neben Cuno Amiet, Akseli Gallen Kallela und Hans von Marées unter anderem Werke von Edvard Munch und Ferdinand Hodler zu sehen. Munch muß für Schiele wie eine Bestätigung seines eigenen Ausdruckswollens gewirkt haben. Schon 1902 war Munchs Graphik auf einer Secessionsausstellung eingeführt worden, und mit ihr wird sich der 1904 erst vierzehnjährige Schiele auseinandergesetzt haben. Sein Porträt von Eduard Kosmack läßt in den zwischen die Knie geschobenen Händen, besonders aber dem intensiven Blick an Munchs *Pubertät* (1894) denken.

Durch das Engagement der Secession war Munchs Kunst in Wien zum Allgemeingut geworden. Noch mehr galt das für Hodler, dessen Präsentation von 31 Werken auf der 19. Ausstellung der Secession 1904 für ihn zum Triumph mit großem wirtschaftlichen Erfolg und für die Secession zu einer der bestbesuchten Ausstellungen wurde.

Die Secessionisten waren nicht nur bemüht, ausländische Kunst ins Land zu bringen, sie wurden auch nachdrücklich davon beeinflußt. Gustav Klimt ist eines der besten Beispiele für die Rückwirkungen dieser Konfrontation mit den Errungenschaften anderer großer europäischer Künstler. So nahm er um die Jahrhundertwende in seinen Porträts Anregungen der Kunst Whistlers und in seinen Landschaften der Malerei Monets auf. Bilder zu Beginn unseres Jahrhunderts wie *Judith und Holofernes* zeugen von der Auseinandersetzung mit dem Spätimpressionismus eines Rysselberghe oder Segantini; aus den von ihm umgewandelten Errungenschaften der Pointillisten (Paul Signac war 1900 ausgestellt) formte Klimt sein ›Malmosaik‹, das sich wie ein dicht gewirkter Teppich bunter Einzelformen in seinen Landschaftsbildern über die Bildfläche legt. Die farbstarken und die Räumlichkeit aufhebenden gemusterten Flächen Bonnards oder Vuillards entsprachen seinen Bestrebungen nach ornamental-flächiger Gestaltung der Bildfläche. Später führten der Blick Toulouse-Lautrecs zu einer Änderung der Porträtauffassung und die buntfarbigen vereinfachenden Hintergründe von Matisse zu einer zunehmenden Bedeutung der Farbe in ihrem Eigencharakter.

1905 war die ›Klimtgruppe‹ aus der Secession ausgetreten, darunter neben Klimt Architekten wie Josef Hoffmann und Otto Wagner, Maler wie Carl Moll und Kunsthandwerker wie Kolo Moser, also die ›Stilisten‹, um sich von den in der Secession verbleibenden ›Naturalisten‹ abzugrenzen.

Auf einem leerstehenden Baugrund, auf dem später das Konzerthaus errichtet wurde, schuf Josef Hoffmann 1908 den architektonischen Rahmen für eine Ausstellung junger österreichischer Kunst, der ›Kunstschau‹ (auf der Klimts *Kuß* für die ›Moderne Galerie‹ erworben wurde). Ein Jahr später sollte hier die ›Internationale Kunstschau‹ der Malerei ausländischer Künstler stattfinden.

Nach dem Austritt der ›Klimtgruppe‹ aus der Secession fanden in jener zwar auch weiterhin Ausstellungen statt, doch erlangte nun die Galerie H. O. Miethke, für deren Programm Carl Moll verantwortlich zeichnete, für die Präsentation moderner Kunst eine ganz entscheidende Bedeutung.

Hier wurde etwa im Jänner 1906 mit 45 Werken die erste bedeutende van Gogh-Ausstellung veranstaltet; im März 1907 zeigte man 72 Arbeiten von Gauguin und 1909 178 Arbeiten von Toulouse-Lautrec.

Paul Gauguins Kunst hinterließ nur im Schaffen Kokoschkas vorübergehend ihre Spuren. Stärker wurde sein Zeichenstil der mageren und eckigen

Gestalten durch George Minnes Knaben und hagere Figuren beeinflußt.
Den tiefsten Eindruck in Wien aber hinterließ van Gogh. Schon die Ausstellung seiner Bilder in der Galerie Miethke 1906 hatte Klimt und in dessen Gefolge auch Egon Schiele dazu angeregt, Sonnenblumen zu malen. Auf der von der ›Klimtgruppe‹ organisierten ›Internationalen Kunstschau 1909‹ hatten van Goghs Gemälde neben denen von Cuno Amiet, Ernst Barlach, Pierre Bonnard, Maurice Denis, Paul Gauguin, Henri Matisse, Edvard Munch, Felix Vallotton, Maurice de Vlaminck und Edouard Vuillard eine noch größere Wirkung.
Klimts *Allee vor Schloß Kammer* läßt in dem dichten Farbauftrag, der Charakterisierung der Einzelformen und dem deutlich konturierten Baumwerk den Reflex auf das Spätwerk van Goghs erkennen. Egon Schiele begegnete in der Malerei van Goghs einer Ausdruckskunst, die den eigenen Intentionen sehr entgegenkam. Denn wie van Gogh sah er in Blumen, Bäumen, Landschaften oder Gegenständen gleichnishafte Selbstbildnisse. Seelenzustände über die Schilderung des Bildgegenstandes auszudrücken, war für den noch suchenden Schiele eine herausfordernde Möglichkeit, den inneren Druck und die eigene Bedrängnis in der Kunst zu befreien und zu verarbeiten. Daneben bezog er auch eine Reihe motivischer Anregungen aus dem Werk des Holländers. Auch für Kokoschka sollte die Begegnung mit der Malerei van Goghs von entscheidender Bedeutung werden. Sie gab dem neuen Drängen, dem noch unbestimmten Aufruhr, auch den von Adolf Loos empfangenen Ideen eine Richtung und löste so fast unmittelbar den radikalen Stilwechsel des Jahres 1909 aus. Was Kokoschka sich hier aneignete, war Ausdruckskunst durch ungestümen Pinselstrich, das Zurschaustellen der ungeminderten Heftigkeit des Schaffens, das die Erregung des Malers erkennen läßt. Bilder Toulouse-Lautrecs auf derselben ›Internationalen Kunstschau‹ und wohl auch Eindrücke seiner Parisreise veranlaßten Klimt eine Zeitlang, einen spontaneren Blick auf die Wirklichkeit wiederzugeben und in unmittelbarerer Weise das zeitgenössische Leben Eingang in seine Darstellungen finden zu lassen (vgl. *Der violette Hut* von 1909). Aber wichtiger wurde in diesen späten Jahren Klimts die erneute Begegnung mit den Nabis und mit Matisse, die eine vorher nicht dagewesene Buntfarbigkeit und Betonung gemusterter Hintergründe hervorrief wie etwa in *Adele Bloch-Bauer II*. Möglich, daß Klimt die Anregung, japanische Holzschnitte oder Darstellungen hinter den Porträtierten erscheinen zu lassen, von van Goghs *Père Tanguy* angeregt war. Jedenfalls steigerte er allgemein die Buntheit und die Leuchtkraft der überwiegend hellen Farben. Zwar blieb die Kontur von Bedeutung, doch gewann die Farbe ihr gegenüber ganz wesentlich an Stellenwert. Daneben wurde der Pinselstrich freier und offener, die Übergänge verliefen weicher.
Die Sammlungen des Belvedere vermögen sowohl die Wiener Kunst der Jahrhundertwende umfassend darzustellen als auch durch signifikante Beispiele von außerordentlicher Qualität den europäischen Kontext in weiten Teilen vorzuführen (auch wenn zweifellos manch bedeutende Lücke noch zu schließen wäre). In konsequenter Sammeltätigkeit war man bemüht, den Gründungsgedanken internationalen Vergleichs nach Maßgabe der finanziellen Mittel auch in den folgenden Jahren fortzuführen. Erst die Schaffung eines Museums Moderner Kunst 1962 (quasi einer neuen ›Modernen Galerie‹ des Staates) führte dazu, daß sich die Sammlungstätigkeit internationaler Kunst heute auf die Abrundung der Bestände des 19. Jahrhunderts und der Zeit vor dem Zweiten Weltkrieg konzentriert.

Die Leiden der schwachen Menschheit

Der wohlgerüstete Starke, Ehrgeiz, Mitleid

Die Sehnsucht nach Glück

Gustav Klimt (1862-1918)
Beethovenfries, 1901-02
Kaseinfarben, Stuckauflagen, Zeichenstift, Applikationen aus verschiedenen Materialien (Glas, Perlmutter etc.), Goldauflagen auf Mörtel, Gesamtlänge 34,14 m (Längswände je 13,92 m, Stirnwand 6,30 m), Höhe 2,15 m
Inv. 5987

1973 Ankauf durch das Bundesministerium für Wissenschaft und Forschung für die Österreichische Galerie; in der Secession montiert (ehem. Carl Reininghaus, Wien; ab 1913 August Lederer, Wien; ab 1960 Erich Lederer, Genf)

Die drei Gorgonen
darüber Krankheit,
Wahnsinn und Tod

Typhoeus

Die feindlichen Gewalten
Unkeuschheit, Wollust,
Unmäßigkeit

Die Sehnsucht nach Glück

Die Poesie

Nagender Kummer — Die Sehnsüchte und Wünsche des Menschen fliegen über die feindlichen Gewalten hinweg

Die Künste — Chor der Paradiesengel Freude schöner Götterfunke — Dieser Kunst der ganzen Welt

Gustav Klimt, **Bildnis Sonja Knips**

Gustav Klimt (1862-1918)
Bildnis Sonja Knips, 1898
Öl auf Leinwand, 141 x 141 cm
Inv. 4403

Sonja Knips, geborene Baronin Potier des Echelles (1873-1959), war die Frau des Wiener Großindustriellen Anton Knips, der mehrere Bilder von Klimt besaß und sein Haus von Joseph Hoffmann bauen und einrichten ließ.

In die rechte Bildhälfte gerückt sitzt sie in einem Fauteuil mit dem Oberkörper dem Betrachter zugewandt. In einer Hand hält sie ein rotes Skizzenbuch, das Klimt ihr schenkte und das dem Bild einen Farbakzent gibt.

Aus dem schlanken Hals der Dargestellten scheint ein naturalistisch gemaltes Blumengebilde zu wachsen – durch eine Vorstudie weiß man, daß Klimt an dieser Stelle ursprünglich eine schemenhafte, menschliche Gestalt geplant hatte. Die Ränder, die das Bild beschneiden, und das quadratische Format unterstreichen den ausschnitthaften Charakter. Klimt hatte bis 1898 ausnahmslos auf hochrechteckiger Leinwand gemalt. Dieses Bildnis zählt zusammen mit *Pallas Athene* zu den ersten quadratischen Gemälden im Schaffen des Künstlers, einem Bildformat, das für ihn charakteristisch werden sollte und dem Stilempfinden der Secessionisten als vollkommene Proportion entsprach.

Schon in diesem Werk kündigt sich der für die späteren Arbeiten Klimts so typische Antagonismus von naturalistisch und durchmodelliert wiedergegebenen Gesichtern und Händen und den übrigen Bildteilen an. Denn lediglich das Gesicht der Frau und einige Blüten im Hintergrund sind detailreich und fein geschildert, während das übrige Bild in weich schimmernde, zum Teil duftige Farbzonen aufgelöst wird, deren Konturen nicht scharf definiert werden.

Der Rahmen des Gemäldes wurde von Gustav Klimts zweitem Bruder Georg Klimt (1867-1931), einem Goldschmied, gestaltet.

Gustav Klimt (1862-1918)
Der Kuß, 1907/08
Öl, Silber- und Goldauflagen auf Leinwand, 180 x 180 cm
Inv. 912

Das Streben der Secessionisten nach Ästhetisierung jedes Lebensvollzugs und nach Durchdringung aller Lebensbereiche mit Kunst, tritt uns im berühmtesten Gemälde Gustav Klimts, dem *Kuß*, in einer seiner vollkommensten Verwirklichungen entgegen.
Das Paar befindet sich in einem von bunten Blumen übersäten Wiesenstück wie auf einem Teppich, einem Paradiesgärtlein oder hortus conclusus.
Die Gefährdung der Liebenden am Rand dieses Wiesenstücks und vor dem tief pulsierenden Goldton des Hintergrunds wird aufgefangen durch die rahmende und schützende Gloriole glänzenden Golds, das die beiden, besonders die Frau, umgibt. Klimt versucht den Kuß des Liebespaares in den Bereich der Allgemeingültigkeit zu erheben: Selbstvergessen sinkt die Frau vor der Liebesbezeugung des in seiner Erscheinung dominierenden und mit Efeu bekränzten Mannes in die Knie und scheint sich an ihn ganz zu verlieren, während sie ihm ihr Gesicht und ihren Mund hinhält, mit ebenmäßigen und gleichzeitig unindividuellen Zügen. Diese Gestaltung vermeidet jegliches Aufbrechen des künstlichen Zustands in Richtung körperlicher Zuneigung. Das Bild ist Ahnung, Anflug der Sinnlichkeit und will doch selbst davon enthoben sein; keuscher, verheißungsvoller, nicht taumelnder und abgründiger Kuß.
Das Gewand des Mannes mit der hart rechteckigen Ornamentierung sowie das Kleid der Frau, das mit weich fließenden Linien und starkfarbigen Blütenmustern geschmückt ist, veranschaulichen die unterschiedlichen Prinzipien, die im Kuß verschmelzen. Das Bild versucht die Sehnsucht nach Glück

Gustav Klimt, **Der Kuß**

Gustav Klimt, **Allee im Park von Schloß Kammer**

zu stillen, eine Welt der vollkommenen Harmonie und der Aufhebung der Gegensätze – nicht nur von Mann und Frau – zu beschwören.
Dies wird durch die Abgeschlossenheit der beiden, ihre Herausgehobenheit aus einem räumlichen Kontext und ihre Zeitlosigkeit, auch durch die Schönheit des Ornaments und die Kostbarkeit des Materials angestrebt. Der tiefe Eindruck, den die Mosaiken von Venedig und Ravenna auf Klimt gemacht haben, findet hier seinen Reflex.
Der Kuß soll zur Erlösung werden, so wie er schon im Beethovenfries in Verbindung aller Künste und später im Stocletfries, eingebettet in eine vollkommene Welt des Ornaments, die Erfüllung und das Ziel menschlichen Strebens bedeutete.
Zu Recht wurde darauf hingewiesen, daß der Kuß als körperliches Begehren in den Bereich des Leidens gehört, nicht der paradiesischen Ausgeglichenheit. Dieses körperliche und damit leidensfähige Element ist durch die vollständige und kostbare Ornamentisierung im *Kuß* Gustav Klimts aufgehoben – und damit auch menschlicher Gebundenheit enthoben. Gleichzeitig entfaltet es in seiner Üppigkeit eine parallele, metaphorische Sinnlichkeit.
Der Kuß, 1908 auf der ›Kunstschau‹ für die ›Moderne Galerie‹ erworben, ist gleichzeitig Höhepunkt und Endpunkt einer Entwicklung im Werk Gustav Klimts. Der Antagonismus von naturalistisch durchgearbeiteten, fein gemalten Inkarnatpartien und flächig-ornamentaler Auffassung der anderen Bildteile wird in der Folge ebenso zurückgenommen, wie die Verwendung von Gold zugunsten einer zunehmend bunter werdenden Farbigkeit vollständig aufhört.

Gustav Klimt (1862-1918)
Allee im Park von Schloß Kammer, um 1912
Öl auf Leinwand, 110 x 110 cm
Inv. 2892

In den Sommermonaten der Jahre 1908 bis 1912 wohnte Klimt in der Villa Oleander in Kammerl bei Kammer am Attersee.
In dieser Zeit malte er fünf Ansichten von Schloß Kammer, von denen diese Darstellung als die späteste der Reihe gilt. Die ersten drei zwischen 1908 und 1910 gemalten Ansichten zeigen das Schloß von verschiedenen Blickwinkeln von der Seeseite her, die letzten beiden Versionen geben das Schloßmotiv von der Landseite wieder, wobei sich im vorliegenden Beispiel der See von links ins Bild schiebt.
Unsere Darstellung zeigt die zum Schloß hinführende Allee mit dem Schloßeingang im Hintergrund. Klimt hat die für ihn typische Frontalität der Bildgegenstände beibehalten, aber das Gebäude in eine größere räumliche Distanz gestellt. Baudetails sind in großer Treue wiedergegeben. Die Bildordnung ist auffallend asymmetrisch und gewinnt gerade durch die Wahl dieses Ausschnitts ihre Spannung.
Der raumverkürzenden Darstellung der alleeförmig nach hinten gestaffelten Bäume steht das flächige Geflecht der Baumkronen mit ihren durchwegs gleich großen Farbtupfen und den unplastischen, fast stilisierten Baumstämmen und Ästen gegenüber. Auch hier entsteht Tiefe im wesentlichen durch die Überschneidungen, nicht durch plastische Durchbildung der Einzelformen.
Das leuchtende Gelb der Schloßfassade schafft dem von den Baumkronen gewölbten Gang und damit auch dem Bild sein fanalartiges Ziel.
In den kräftigen Farbtupfen, vor allem aber den stark konturierten Stämmen und Ästen der Bäume ist Klimts Reaktion auf die Kunst van Goghs zu erkennen.

Gustav Klimt (1862-1918)
Adam und Eva, 1917/18
Öl auf Leinwand, 173 x 60 cm
Inv. 4402

Wie einige andere Bilder aus dem letzten Lebensjahr Klimts ist *Adam und Eva* unvollendet geblieben. Die Darstellung eines biblischen Stoffes in seinem Œuvre stellt eine Ausnahme dar. Obwohl die Darstellung in ihrem Aufbau sichtlich von einem Holzschnitt Hans Baldung Griens beeinflußt (und wohl auch in Kenntnis von Griens *Tod und Mädchen* von 1500 in Basel entstanden) ist, ist sie doch von der traditionellen biblischen Ikonographie losgelöst. Dabei scheint es um die Erschaffung Evas zu gehen, nicht um den Sündenfall.
Eva verdeckt mit ihrem nackten Körper den Leib des Mannes, der gemäß der Schöpfungsgeschichte schlafend dargestellt ist und aus dessen Seite sie hervorgegangen ist. Ihre Füße stehen in Anemonen, die das Blühende ihres jungen Lebens unterstreichen. Der Weichheit der nackten Frauengestalt stehen die knochige Schulterpartie und eingefallenen Wangen und Schläfen des Mannes gegenüber, ihrer schimmernden Helligkeit und zarten Haut seine dunkle und fleckigere Erscheinung. Besonders beeindruckend ist das farbliche Raffinement, die Durchsichtigkeit der Haut Evas, die aus einer Unzahl farbiger Töne besteht und von daher ihre Frische und Jugendlichkeit bezieht, während sich in den Körper Adams auch kalte und stumpfe Töne mischen.
Womöglich handelt es sich hier aber auch – ähnlich *Adam und Eva* von Albrecht Dürer im Prado – um den Versuch, Aussagen über das Wesen von Mann und Frau zu treffen, über die verschiedene Art der Welterfahrung und Erfassung der Wirklichkeit: der Mann stärker messend, zählend, gliedernd, einteilend, die Frau intuitiv erfassend, die Erkenntnis hineinnehmend in die Ganzheit ihres Wesens.
In der Verschiedenheit der beiden Gestalten bei gleichzeitiger Ähnlichkeit der Haltung mit dem seitlich geneigten Kopf wird wohl auch die Bezogenheit aufeinander, die Zusammengehörigkeit von Mann und Frau zum Ausdruck gebracht.
Aber auch Leben und Tod, Werden und Vergehen finden ihren Widerhall in dem Werk, was vor allem durch die Gegensätzlichkeit der beiden Gestalten nahegelegt wird. So werden in *Adam und Eva* zusammen mit den zur gleichen Zeit entstandenen Bildern *Baby*, *Die Braut* und *Die Jungfrau* Themen des Lebenszyklus angeschlagen.

Gustav Klimt,
Adam und Eva

Max Kurzweil (1867-1916)
Bettina Bauer, 1908
Öl auf Leinwand, 66 x 52 cm
Inv. 6516

Obwohl Max Kurzweil 1897 zu den Begründern der Wiener Secession gehörte, später mit der ›Klimtgruppe‹ austrat und mit dem wenig älteren Gustav Klimt stets gut befreundet war, hatten die Ideale der Stilkunst und des damit zum Teil verbundenen Symbolismus für Kurzweil letztlich nur wenig bindende Kraft. Schon verhältnismäßig früh war Kurzweils bildnerisches Denken von Eindrücken der französischen Malerei geprägt worden. Dabei zeigte er sich zum einen nachhaltig vom Impressionismus, zum anderen von Bonnard, Vuillard und der Kunst der Nabis beeindruckt.
In dem Bildnis Bettina Bauers weisen die zartgestimmte und fröhliche Farbigkeit wie der geschickt gewählte Ausschnitt auf das Können Kurzweils hin. Durch die aus der Mitte gerückte Anordnung verleiht er der Darstellung Spontaneität, das gerade Herausschauen und brave Dasitzen unterstreichen die kindliche Neugier und erste keimende Eitelkeit, die Pastelltöne aber insgesamt das Mädchen- und Frühlingshafte. Die Darstellung bleibt dabei schmucklos – ganz auf das hübsche Mädchengesicht konzentriert. Bettina Bauer, die später als Graphikerin tätige Frau des Bildhauers Georg Ehrlich, war bei Entstehung des Bildes fünf Jahre alt.
Hält man das Porträt der um einige Jahre älteren Schwester Mira daneben, fällt noch viel stärker Kurzweils großes Einfühlungsvermögen auf. Während die Kleinere, ganz dem Alter entsprechend, noch als Prinzessin posiert, steht die ältere Schwester gelöst vor uns und blickt uns leicht verträumt an.
Gleichzeitig führt das Werk vor, wie hier zwei Einflüsse in seinem Werk zu schöner Einheit verschmolzen sind: die von der japanischen Kunst beeinflußte Flächenkunst der Secessionisten im Hintergrund und der impressionistische Farbauftrag in der Gestaltung der Flächen, besonders aber im Gesicht.

Max Kurzweil,
Bettina Bauer

Broncia Koller-Pinell (1863-1934)
Die Ernte, 1908
Öl auf Leinwand, 110 x 130 cm
Inv. 5458

Broncia Pinell, verheiratet mit dem Arzt, Physiker und späteren Industriellen Hugo Koller (vgl. das *Porträt Hugo Kollers* von Egon Schiele in der Sammlung des Belvedere), war eine der wenigen und erfolgreichen Malerinnen im Wien der Jahrhundertwende.
Neben van Gogh und den Nabis, deren Schaffen für sie längere Zeit richtungsweisend war, trat mehr und mehr die Auseinandersetzung mit der Malerei Gustav Klimts. 1908 konnte die Malerin auf der ›Kunstschau‹ ausstellen; ein Jahr später war sie auf der ›Internationalen Kunstschau‹ vertreten, dabei unter anderem mit dem Bild *Die Ernte*. Deutlich zeigt das Gemälde den Einfluß der französischen Malerei auf die Künstlerin, gleichzeitig aber auch, wie sie die dekorative Flächengestaltung der Stilkünstler in ihren persönlichen Stil umformte.
Broncia Koller-Pinell zieht hier die Formen zu kompakten, starkfarbigen Flächen zusammen und verteilt diese wie in einem Muster und ohne um Plastizität oder Raumtiefe bekümmert zu sein auf der Bildfläche.

Giovanni Segantini, **Die bösen Mütter**

Broncia Koller-Pinell, **Die Ernte**

Giovanni Segantini (1858-1899)
Die bösen Mütter, 1894
Öl auf Leinwand, 105 x 200 cm
Inv. 485

Das Gemälde, eines jener Bilder, die die Wiener Secession dem Staat für die Gründung einer Modernen Galerie gewidmet hatte, zählt zur Gruppe der sogenannten ›Nirvanabilder‹. Segantini bezieht sich in diesen Arbeiten auf das Gedicht ›Nirvana‹ von Luigi Illica, in welchem explizit ausgesprochen wird, daß es um Frauen geht, die abgetrieben haben. Segantini, der das Wesen der Frau in ihrer Mutterschaft sieht, deutet sie als Frauen, die sich der Wollust hingegeben haben, ohne die Folgen der Mutterschaft auf sich nehmen zu wollen und deshalb das Fegefeuer erleiden müssen. In einem Artikel in ›Ver Sacrum‹ spricht Segantini selbst von den »eiteln und unfruchtbar Wollüstigen«, die er strafen wollte, indem er »die Strafe im Fegefeuer« malte. In den *Bösen Müttern* gibt er in ein und demselben Bild das Leiden, die Läuterung sowie die Erlösung der Frauen wieder. Im Hintergrund links ist eine der Frauen an einen Baum gefesselt gezeigt, die sich verzweifelt zu befreien versucht, um ihr Kind zu stillen, das sie durch die Schneedecke kommen hört und mit dem sie durch einen Ast wie mit einer Nabelschnur verbunden ist. Im Vordergrund ist der Augenblick der Stillung gezeigt, während in der Bildtiefe vor den bereits verschatteten Bergen tanzende Frauen ihre Kinder im Arm haben und sich dem Himmel zuwenden.
Segantini steigert die Intensität des Bildes durch einen frappierenden und detailreichen Naturalismus. Denn neben allem symbolischen Inhalt ist das Licht dieser Bergwelt das beherrschende Thema. Sein Divisionismus dient dazu, all die Modulationen des Lichtes über der Schneefläche, dem Kranz von Bergen und im abendlichen Himmel mit all seinem Leuchten wiederzugeben, im Schimmer auf der Haut der Frau oder im Durchscheinen des dünnen Stoffes ihres Gewandes. Eindrucksvoll werden Baum und Körper zu einer einzigen, aus gegenläufigen Schwüngen gebildeten Formarabeske, zu einem ausdrucksstarken Zeichen.

Ferdinand Hodler,
Ergriffenheit

Ferdinand Hodler (1853-1918)
Ergriffenheit, 1901
Öl auf Leinwand, 115 x 70 cm
Inv. 1942

Bereits 1894 hatte Hodler das Thema in einer ersten, kleineren Arbeit aufgegriffen und bildnerisch umzusetzen versucht.
Hodlers Bemühung um Stilisierung durchzieht alles, Figur wie Landschaft, alles wird dem Diktat edlen Eindrucks unterworfen. Dabei wird besonders der aussagekräftige Gestus betont; denn neben der gesuchten Schönheit des Linienflusses, die bei Hodler ihre Steigerung und Zusammenfassung meist in der Kontur findet, sollte die Welt des Inneren in Haltung wie Gebärde veranschaulicht und der menschliche Körper zur sprechenden Form werden.
Das Thema naturverehrender Haltung, das Hodlers gesamtes Werk durchzieht, wird hier im Habitus einer Einzelfigur verdichtet vorgeführt. Der gesenkte, verinnerlichte Blick wie die andächtig über der Brust an den Körper genommenen, sensiblen Hände tragen das ihre dazu bei. Gleichzeitig wird nicht ohne tiefere Bedeutung dem naturhaften Grün der Wiesen ein Transzendenz andeutendes Blau gegenübergestellt.
Wie so oft zieht Hodler auch hier den Landschaftshintergrund bis knapp an den oberen Bildrand; die Wiese hinter der Figur, die einem Teppich gleich mit Krokusblüten ornamental geschmückt ist, birgt und rahmt sie wie eine Folie.
Eine Hodler-Ausstellung in der Wiener Secession im Jahre 1904 wurde ein Riesenerfolg für den Künstler; sie sollte aber auch in der österreichischen Malerei, besonders bei Schiele, sichtbare Spuren hinterlassen.

Auguste Rodin (1840-1917)
Entwurf für ein Denkmal für Victor Hugo,
(2. Projekt, verkleinerte Fassung), um 1886
Terrakotta, Höhe 74,5 cm
Inv. 8077

Nachdem die Kirche Ste Geneviève in Paris 1895 erneut säkularisiert und zum Pantheon umfunktioniert worden war, legte im Jahre 1889 Gustave Larroumet, Mitglied des Ministeriums für die schönen Künste, ein Programm für die Ausstattung mit Skulpturen vor. Für das rechte Querschiff sollte Rodin ein *Denkmal für Victor Hugo* ausführen. Obwohl Rodin bis zum 16. September 1889 noch keinen offiziellen Auftrag hatte, begann er schon früher mit der Arbeit an dem Monument. Rodin plante, Hugo im Exil auf dem Felsen von Guernsey darzustellen, mit den drei Musen der Jugend, der Reife und des Alters in einer Meereswoge über seinem Kopf. Nach einem ersten nicht sehr überzeugenden Projekt begann er mit der zweiten Version, dessen Gipsmodell

Auguste Rodin, **Entwurf für ein Denkmal für Victor Hugo**

sich im Musée Rodin in Paris befindet und von dem das Wiener Terrakottamodell eine verkleinerte Variante darstellt. Der Dichter Victor Hugo hält den nachdenklich gesenkten Kopf in die eine Hand gestützt und den anderen Arm wie zum Formulieren ausgestreckt, während die drei Musen (oder die Personifikationen von drei der berühmtesten Gedichte Hugos, ›La Légende des Siècles‹, ›Les Châtiments‹ und ›Les Voix Intérieures‹) deutlich jede für sich abgesetzt über seinen Körper ragen.
In dieser Phase der Arbeit kam es zu Differenzen zwischen Rodins Vorstellungen und denen der Kommission. Man beanstandete, daß die von Rodin geplante Gruppe, von der Weite gesehen, zu einer schwer lesbaren Masse verschmelze und verlangte von ihm eine Änderung seines Vorhabens. Rodin begann also mit einem ganz neuen Konzept, einer Apotheose Victor Hugos, in der der Dichter hoch auf einem Felsen stehend dargestellt wurde, der den Sirenen zu seinen Füßen lauscht und über dessen Kopf Iris, die Botin der Götter, erscheint. Auch zu diesem Konzept entstanden zwei Projekte, von denen es Exemplare im Musée Rodin gibt, die um die Jahre 1890/91 anzusetzen sind.
Im Juli 1890 aber wandte sich Rodin wieder seinem ersten, ursprünglichen Konzept zu, nachdem man ihm mitgeteilt hatte, daß die für das Pantheon abgelehnte Gruppe durchaus im Garten des Palais Luxembourg Aufstellung finden könnte. Rodin überarbeitete sie daher für diesen Zweck in zwei weiteren Projekten.
Das Belvedere besitzt mit dem Modell der zweiten Version für das erste Denkmal eine der signifikantesten Arbeiten Rodins zu diesem Projekt, da es sowohl die ursprüngliche Intention der auf einer Woge über dem Dichter schwebenden Musen als auch eine der endgültigen Haltung Hugos bereits angenäherte Gestaltung wiedergibt, dabei aber doch zu Geschlossenheit und Dichte gelangt.

Fernand Khnopff,
Vivien

Fernand Khnopff (1858-1921)
Vivien, 1896
Gips, farbig bemalt, auf vergoldetem Holzsockel, H: 99 cm
Inv. 4431

In Khnopffs Halbfigur, einer Fee aus dem englischen Sagenkreis des Königs Artus, steht die Sinnlichkeit ihrer Erscheinung im Vordergrund.
Der sich leicht windende, wie in verführerischer Bewegung gezeigte Leib ist bis zur Hälfte der Oberschenkel geschildert. Seine Formen drücken sich durch das eng anliegende, wie naß am Körper klebende Hemd ab. Die Augenlider halb geschlossen, die roten Lippen leicht geöffnet und das Gesicht von schwerem und reichem roten Haar umrahmt, scheint sie kokett den Betrachter zu mustern, des Sieges ihrer Reize bewußt. (In Tennysons ›Königsidyllen‹ ist sie die Hexe, die dem Zauberer Merlin, der ihr verfallen ist, sein Zauberbuch wegnimmt. Er hat es auf eine Muschelschale geschrieben, die sie nun in dieser Darstellung Khnopffs an ihre Brust

drückt. Mit seinen eigenen Zauberkräften setzt sie ihn im Wald von Brocéliade gefangen.)
Insofern verkörpert sie den Vampir, die ›femme fatale‹, die in ihrer Lockung und Bedrohung Maler wie Munch oder Klimt gleichermaßen beschäftigte und als Thema von Khnopff in seinem Werk ständig umkreist wurde.
Um die Lebensnähe und sinnliche Präsenz zu steigern, sind neben der Polychromie ganz bewußt die Kontraste von rauhen Oberflächen in Gewand oder Haar zu der Glätte der Hautpartien eingesetzt.
Khnopff experimentierte in den Plastiken jener Jahre mit verschiedenen Materialien, um die von ihm erträumte Morbidität zu erreichen. Wie Max Klinger bediente er sich neben einer nachträglich aufgetragenen Fassung zuweilen auch der aus verschiedenen Materialien zusammengesetzten Polychromie, um neben stärkerem Naturalismus auch gleichzeitig materielle Kostbarkeit zu erreichen.

Max Klinger (1857-1920)
Kauernde, 1900/01
Marmor, H: 80 cm
Inv. 8079

Erst um 1885 begann Klinger, sich auch mit der Bildhauerei zu beschäftigen, nachdem er schon durch Jahrzehnte als Zeichner, Graphiker und Maler tätig gewesen war.
In seinen plastischen Arbeiten versuchte er das in der Zeit vielfach verfolgte Ziel des Gesamtkunstwerks zu erreichen, indem er seinen Skulpturen durch ihre Zusammensetzung aus verschiedenfarbigen, kostbaren Materialien Polychromie verlieh. Ein ähnliches Vorhaben zeigt sich auch in den Gemälden *Christus im Olymp* oder *Urteil des Paris* (beide im Besitz der Österreichischen Galerie, Belvedere) in der Verwendung von plastischer Malerei und bemalter, auch malerisch aufgefaßter Plastik an den Rahmen. Klingers Plastizität ist geschlossen, dicht, stets klar definiert, obwohl auch er, so wie

Max Klinger,
Kauernde

Constantin Meunier,
Der Lastträger

Rodin, den Torso als selbständige plastische Ausdrucksform betrachtete.
In der *Kauernden*, deren Figur eng zusammengenommen ist und deren Gestalt der Künstler in einer erhaltenen Ölstudie vorbereitet hat, kann der Künstler seine Meisterschaft in der Schilderung der zusammengeschobenen Körperteile vorführen; die Skulptur lädt zum Umschreiten ein, bietet von jeder Seite neue interessante Ansichten und macht vor allem den von ihr umschlossenen Raum zu einem integrierenden Bestandteil der Darstellung.
In ihrer Auffassung, ist sie – trotz ihrer antikisierenden Dichte in der Schilderung der Details – moderner als die gleichzeitigen Arbeiten Auguste Rodins und erweist sich als ein Werk höchsten Ranges.

Constantin Meunier (1831-1905)
Der Lastträger, 1905
Bronze, H: 225 cm
Inv. 764

Nicht aus der Anschauung anderer Skulpturen gewann Meunier seine Gestalten, sondern aus der Wirklichkeit selbst.
Als junger Mann hatte er bei einem Bildhauer zu lernen begonnen, aber in einer naturalistischen, äußerlichen Manier, von der er sich bald abwandte, da sie ihm verlogen und oberflächlich erschien. In der Malerei schien ihm mehr Wahrhaftigkeit zu liegen. Aber erst ein Auftrag war es, der ihm die Augen für ein Thema öffnete, das ihn sein Leben lang beschäftigen sollte: Als er Illustrationen für ein Buch über Belgien schaffen sollte, gelangte er ins Grubengebiet und kam in Kontakt mit

den Arbeitern, die schwer für ihre Existenz schufteten. Indem er immer mehr die plastischen Qualitäten ihrer Erscheinung erkannte, kehrte er zur Plastik zurück und versuchte, das Gesehene in exemplarischen Gestalten Form werden zu lassen.
Meuniers Größe als Bildhauer bestand, im Gegensatz zum Großteil seiner Zeitgenossen, in der Kraft der Zusammenfassung, der Vereinfachung der Form, in den groß und schlicht gesehenen Teilen, und der aussagekräftigen Silhouette. Gleichzeitig gewannen bei ihm die einfachen, arbeitenden Menschen eine bisher kaum geahnte Würde, ohne daß ihre Darstellung dem Pathos verfiel. So erzählt der *Lastträger* von beidem: von Mühe und Last der zu verrichtenden Arbeit und der gleichzeitigen Schönheit und Würde dessen, der sie verrichtet, vom Ernst und der Größe solchen Lebens.

Aristide Maillol (1861-1944)
Die gefesselte Aktion, 1905
Bronze, H: 215 cm
Inv. 2883

L'Action enchaîné wurde von Maillol für ein Denkmal in Puget-Théniers zu Ehren des Revolutionärs Louis-Auguste Blanqui geschaffen.
Maillol, der zuvor gemalt und gewebt hatte, kam erst im Alter von vierzig Jahren wie zufällig zur Bildhauerei.
Maillol war auf der Suche nach klassischer Strenge und allgemeiner Gültigkeit. Er verzichtete auf jedes überflüssige Detail und reduzierte auf klare, archaische Formen. Seine Plastiken wurden immer tektonischer aufgebaut und erhielten klare Proportionen. Sie besaßen volle, deutlich abgehobene Volumina, stark vereinfachte, wenige, aber in ihrer eigenen Plastizität betonte Formen und glatte, dicht geschlossene Flächen. Die Grundregeln für diese

Aristide Maillol,
Die gefesselte Aktion

Edvard Munch, **Sommernacht am Strand**

Gestaltung holte er sich aus der Natur: »Die Natur ist gut und gesund und stark. Man muß mit ihr leben und auf ihre Sprache horchen. Dann macht man gute Kunst. Ja, die Harmonie in der Natur. Ich suche sie immer in der Kunst auszudrücken... In der Gesamtkomposition suche ich die große Form (la grande harmonie des formes), damit sie in der Silhouette sich klar in der Luft entwickle, ohne Löcher und Verzerrungen, und in den Einzelheiten suche ich gute Verhältnisse (des harmonies). Ich setze sie einzeln aneinander, immer das Eine mit dem Ganzen vergleichend. Ohne die Natur zu kopieren, arbeite ich wie die Natur.« *Die gefesselte Aktion* entspricht trotz ihrer stärkeren Bewegtheit dem Frauentypus, den Maillol stets geschaffen hat: schwere, emotionslose, sehr monumentale Erscheinungen, die auf die allgemeine, große Form abzielen. Weit gegrätscht steht die Figur, die Schultern nach hinten verdreht und den Kopf zur Seite gewandt. Ihr Leib ist fest durchgebildet und in einzelne harte Kompartimente gegliedert . Wie sie so in ihrer kraftvollen Erscheinung weit ausschreitet, wird sie zum Zeichen des Freiheitswillens.

Edvard Munch (1863-1944)
Sommernacht am Strand, um 1902
Öl auf Leinwand, 103 x 120 cm
Inv. 3772

Sommernacht am Strand stellt zweifellos eines der Meisterwerke von Munchs Landschaftskunst dar. In den neunziger Jahren des 19. Jahrhunderts hatte sich der Maler mehr und mehr der Darstellung von Landschaften zugewandt, indem er seine Erfahrungen in der Behandlung von Figuren hinsichtlich der Verdichtung ihrer Erscheinungsform zu starkfarbigen Flächen mit ondulierenden Konturen auf die Landschaftsschilderung übertrug und diese zum Ausdrucksträger machte.
Dabei wurden vielfach näher beschreibende Details unterschlagen, auch jeder topographische Hinweis unterlassen, um einzig die Stimmung zu veranschaulichen, die ein Naturerlebnis im Betrachter auslöst. So werden Einzelformen hier zu farbigen Zonen transponiert, die durch ihren Farbklang und das Zueinander ihrer Töne die eigentliche Spannung erzeugen.
Zwar lebte Munch ab 1892 vornehmlich in Berlin, doch verbrachte er die Som-

mer bevorzugt in Åsgårdstrand. Um die Jahrhundertwende waren Motive an den Fjorden, aber auch die hellen skandinavischen Mondnächte im Winter bevorzugtes Thema.
Daneben beschäftigen ihn die langen Sommernächte jener Gegend. Schon in *Geheimnis einer Sommernacht* (1892) werden sie zum Thema, nachdrücklicher noch in *Nacht bei Mondschein* (1895), um schließlich in der *Sommernacht am Strand*, in der sich die Mitternachtssonne golden im Blau und Violett des Wassers spiegelt, ihren Höhepunkt zu finden.
In Bildaufbau wie in weich schwingenden, bruchlosen Formen zeigt dieses Bild eine Ruhe und vollkommene Ausgeglichenheit, die den Frieden dieser sommerlichen Nacht spürbar werden läßt und Munchs Kraft der ausdruckssteigernden Abstraktion eindrucksvoll vor Augen führt. »Man kann solche Bilder nicht nach der Natur malen, man muß sie aus seinem Inneren nehmen«, betonte Munch.
Das Bild gehörte ursprünglich zur Sammlung Alma Mahlers, die es anläßlich der Geburt ihrer Tochter Manon von ihrem zweiten Ehemann Walter Gropius geschenkt bekam.

James Ensor (1860-1949)
Phantastisches Stilleben, um 1917
Öl auf Holz, 16 x 21,5 cm
Inv. 3914

Neben den Themen der Masken, Skelette und Verkleidungen spielen Ensors ganzes Leben hindurch die Stilleben eine bedeutende Rolle. Oft sind sie eindrucksvolle Zeugnisse seiner überbordenden Phantasie. In ihnen kann er auf subtile Weise zum Ausdruck bringen, wovon sein ganzes Werk spricht: von dem geheimnisvollen Leben, oft auch der Abgründigkeit und Gefährdung unter der Decke vordergründiger Schönheit, einer Beseeltheit des anscheinend Statischen und Unscheinbaren. Das gilt in dem *Phantastischen Stilleben* sowohl für die zwischen kalter Materialität und warmer Lebendigkeit perhorreszierende Erscheinungsweise der Skulptur eines nackten Mädchens als auch für die eigenartigen Wesen, die die rechte untere Ecke bevölkern und mit aufgerissenem Mund und gierigen oder wie im Entsetzen geweiteten Augen zu ihm aufschauen.
Und das unterstreicht auch die auf der Rückseite des Bildes angebrachte Bezeichnung: »Sourire d'œillet, caresse de marguerite« (Nelken-Lächeln, Margeriten-Zärtlichkeit).

James Ensor, **Phantastisches Stilleben**

Früher Expressionismus

Grenzenloser Ästhetizismus und ambivalente Vorahnungen des unvermeidlichen Untergangs verschränkten sich im kaiserlichen Wien der Jahrhundertwende zu einem weltweit einzigartigen Milieu, das auch den frühen österreichischen Expressionismus hervorbrachte. Als der junge Oskar Kokoschka auf den beiden ›Kunstschau‹-Ausstellungen 1908 und 1909 erstmals vor die Öffentlichkeit trat, verstörte er ein Publikum, das gerade erst den Zugang zur Wiener Secession gefunden hatte. Auch die meisten Kritiker zerrissen Kokoschka in der Luft, aber – so Ludwig Hevesi – »es werde der Luft nur gut tun«. Der »Oberwildling« selbst aber ließ sich das Haupt scheren und gefiel sich in der Rolle, das Stigma des Gezeichneten provokant zur Schau zu tragen.

Ungeschminkte Bekenntnisse hatte Kokoschka schon als Autor des Skandalstücks *Mörder, Hoffnung der Frauen* auf die Gartenbühne der ›Kunstschau‹ gezerrt. Damals von Adolf Loos ›entdeckt‹, löste sich Kokoschka unter dem Einfluß des väterlichen Mentors von der dekorativ ausgerichteten Wiener Werkstätte und schuf Porträtdarstellungen, in denen er auf die dunkle Suche nach dem Seelischen ging. In einem packenden Zugang legte der Maler hinter den Erscheinungsformen einer oberflächlichen Wirklichkeit Charakterbilder frei, die oft genug zum Entsetzen der Dargestellten ausfielen. Das machte Loos durch seine Verpflichtung, all jene Bildnisse abzunehmen, die keinen Käufer fanden, zum Inhaber der umfangreichsten Kokoschka-Sammlung.

Im selben Jahr, als Kokoschka 1908 erstmals öffentlich ausstellte, setzte der 25jährige Richard Gerstl seinem Leben durch einen besonders grauenhaften Selbstmord ein Ende. In einer rasanten Entwicklung war aus dem Künstler, der den Kontakt mit Malerkollegen mied und vielmehr im Austausch mit Arnold Schönberg und dessen Schülerkreis stand, ein Maler von erschreckender Unmittelbarkeit geworden. Sein spätimpressionistischer Farbauftrag mündete zuletzt in existentialistische Farbverwüstungen, wofür das *Lachende Selbstbildnis* der Österreichischen Galerie ein erschütterndes Beispiel ist. Das gnadenlose Befragen der eigenen Existenz im Selbstbildnis – vorgebracht mit antiakademisch-brutalen Malmitteln – war nicht nur weit entfernt vom ästhetischen Secessionsideal, sondern eröffnete einen thematischen Bereich, der für den frühen österreichischen Expressionismus bezeichnend wurde.

Der in Wien geborene Max Oppenheimer oder MOPP, wie er sich selbst nannte, gehörte bis vor kurzem zu den großen Verdrängten der österreichischen Kunstgeschichte. Auch wenn er seine expressionistische Kunst, zu der er zeitgleich mit Oskar Kokoschka gelangte, schon bald mit kubistischen Anregungen versetzte – was er in Österreich vor dem Ersten Weltkrieg immerhin als einziger tat –, darf er in diesem Zusammenhang doch einen wichtigen Stellenwert für sich beanspruchen. Leider fehlen im Bestand der Österreichischen Galerie jene Beispiele seiner frühen Kunst, um das repräsentativ veranschaulichen zu können.

Oskar Kokoschka aber wetterte 1910/11, Oppenheimer sei ein Mitläufer und kopiere seine Bilder. Der heftige Streit in den ›Donauniederungen‹ zielte letztlich gegen das, was Kokoschka, der um seine Einzigartigkeit fürchtete, als »die faustische Natur und die grausame Selbst-und-andere-Zerfleischung« bezeichnete. Zu jenem Zeitpunkt, als der Streit eskalierte, trat mit Egon Schiele eine weitere Galionsfigur des österreichischen Expressionismus aus dem Lichtkegel der Secession.

Allein schon der Umfang von Schieles Lebenswerk ist bemerkenswert: In den zehn, zwölf Schaffensjahren, die ihm bis zu seinem Tod 1918 mit 28 Jahren vergönnt waren, entstanden rund 330 Ölbilder und mehr als 2500 Zeichnungen, Aquarelle und Gouachen. Schiele kommt

immer wieder auf die Befragung der eigenen Existenz zwischen Vergänglichkeit und Sexualität zurück, was über einen puren Narzißmus, wie sehr viele Selbstbildnisse es vielleicht vermuten lassen, weit hinausgeht. Die großartige Schiele-Kollektion der Österreichischen Galerie, in der Werke aus den letzten Lebensjahren dominieren, vermittelt hier tiefe Einblicke.
Obwohl der österreichische Frühexpressionismus erst im Nachhinein mit voller Deutlichkeit als solcher begriffen wurde, sprach die heimische Kunstkritik schon früh von einer ›Ausdruckskunst‹. Neben Richard Gerstl, der zu Lebzeiten nie ausstellte, waren es vor allem Oskar Kokoschka und Max Oppenheimer, die ihr Ziel als erste in dem suchten, was man schon 1908 ›Menschenseelen‹ nannte. Eine Bildnismalerei, in der die Schwingungen der Seele in gebrochenen Farben anklingen, wurde zur bevorzugten Arena der jungen Expressionisten. Vorbildhaftes suchten sie bei El Greco ebenso wie bei Edvard Munch, Ferdinand Hodler oder den französischen Postimpressionisten und besonders bei Vincent van Gogh, wobei innerhalb der österreichischen Traditionslinie auch Anton Romako einen Anknüpfungspunkt bot.
Österreich – und das heißt in diesem Fall die Metropole Wien – bereicherte das Gesamtphänomen Expressionismus, das man vor allem in Deutschland anzusiedeln gewohnt war, um eine eigene, klar unterscheidbare Variante. Die österreichischen Maler waren fast um eine halbe Generation jünger, als die Kollegen der 1905 in Dresden gegründeten ›Brücke‹ oder der 1911 in München entstandenen Vereinigung ›Blauer Reiter‹. Auch wenn Oskar Kokoschka, der seit 1910 durch die Zusammenarbeit mit Herwarth Walden in engem Kontakt mit der Berliner Expressionismusszene stand, meinte, der Expressionismus sei eine »Botschaft vom Ich zum Du«, so kehrte der Blick der Österreicher immer wieder zu eigenen Befindlichkeiten zurück. Im Gegensatz dazu kreisten die Themen der inhaltsbetonten deutschen Kollegen direkt oder indirekt meist um großstädtisches Leben.
Während der deutsche Expressionismus und die Fauves, die oft als französisches Pendant genannt werden, reine Farben als Ausdrucksträger dynamisch einsetzten, lasierte beziehungsweise modulierte man in Wien raffinierte Farbflächen mit Licht- und Schattenbereichen. Auch fand man die Österreicher kaum je in völkerkundlichen Museen, um die ›primitive‹ Kunst außereuropäischer Völker zu studieren, wie es in Deutschland und Frankreich mit weitreichenden Folgen geschah.
Generell war die Entwicklung in Wien mit seiner morbiden Feinsinnigkeit in andere kulturelle und gesellschaftliche Voraussetzungen eingebettet. Insbesondere fehlte eine Tradition der Moderne. Schließlich war ja schon der Wiener Jugendstil im Reigen des europäischen Gesamtphänomens eine Spätentwicklung gewesen. Und dann vollzog sich in Wien die Abkehr vom secessionistischen Ideal im Schoß dieser Secession. Auffälligerweise blieb Gustav Klimt für die expressionistischen Neuerer über alle Veränderungen hinweg ein menschlicher und künstlerischer Bezugspunkt, namentlich für Egon Schiele. Letztlich fehlte es in Wien an avantgardistischem Sendungsbewußtsein, und die anarchische Euphorie eines totalen Rundumschlags kam in der geschichtslastigen Donaumetropole niemals auf.
Noch im Rahmen der Monarchie, vor allem aber in den schwierigen Jahren nach 1918 verweigerte sich die österreichische Kunst einer Auseinandersetzung mit dem Kubismus und den anderen postexpressionistischen Neuerungen. Österreich koppelte sich damals von der internationalen Avantgarde ab und ging in weiterer Folge wieder einmal seinen Sonderweg. Der Expressionismus aber, verstanden im weitesten Sinn als gestisch betonte, farbstarke Ausdrucksmalerei, wurde damit zur Hauptströmung der österreichischen Malerei der Zwischenkriegszeit schlechthin.

Richard Gerstl, **Lachendes Selbstbildnis**

Richard Gerstl (1883-1908)
Lachendes Selbstbildnis, 1908
Öl auf Leinwand, auf Karton, 40 x 30 cm
Inv. 4035

Richard Gerstl stand im totalen Abseits, als er ein letztes Mal vor der Staffelei eine trotzige Daseinsbestimmung versuchte, der es nicht mehr gelang, frei in die Welt hinauszulachen. Am Ende einer unglücklichen Liebesaffäre fand sich Gerstl völlig isoliert: Nicht nur kehrte Mathilde Schönberg zu ihrem Mann zurück, auch der für Gerstls Malerei kongeniale Freundeskreis um Arnold Schönberg war unwiederbringlich dahin.

Das *Lachende Selbstbildnis* erinnert mit dem unrasierten Bart und den kurzen Haaren an die Ausgestoßenheit eines Häftlings. Die unklaren Lichtverhältnisse, die nächtliche Stunde und Gerstls verzweifelte Haltlosigkeit, die nirgends im Raum Ruhe findet, nehmen dem Lachen das Befreiende; aber auch das Schreien, in welches das Lachen hinüberwächst, verkommt wie die fahrigen Farbtupfer im Hintergrund der kleinformatigen Leinwand zu einem zersplitterten, nervösen Echo. Noch erschreckender aber ist die Erkenntnis, daß trotz des rohen Farbauftrags, der disharmonischen Farbigkeit und des psychischen Entgleitens der Maler seinen Untergang bis hin zu den abschließenden Glanzlichtern im Gesicht erbarmungslos protokollierte.

Egon Schiele (1890-1918)
Mann und Mädchen (Tod und Mädchen)
1915
Öl auf Leinwand, 150 x 180 cm
Inv. 3171

Ein Mann in kurzem Büßergewand und eine rot geschminkte Frau umarmen sich auf einem zerwühlten Tuch, das unwirtlich in eine dunkle Landschaft geschleudert wurde. Wie so oft bringt sich Schiele in der Wiedergabe des Mannes als Selbstbildnis ein. Während sein Blick ins Leere geht, hat sein langjähriges Modell Wally Neuziel ihre dünnen Arme um ihn gelegt, aber sie scheint ihm zu entgleiten. Auch fehlt Wallys Händen die Kraft, ihn zu umklammern. Selbst das weiße Tuch, das die beiden umschließt, ist nicht in der Lage, die Zusammengehörigkeit nach außen abzusichern.
Klimts berühmte Darstellung *Der Kuß* drängt sich zum Vergleich auf. Die Distanz zum völligen Einswerden der Liebenden im secessionistischen Schutz der goldenen Aureole könnte nicht größer sein. Statt vollkommener Harmonie, die Klimt mit den prachtvollsten Mitteln idealisierte, nehmen gebrochene Töne und harte Konturen ein Scheitern vorweg, das in jedem Detail des Bildes fassungslose Klage über das Nebeneinander von Liebe, Sexualität und Tod erhebt, die nicht nur im Bildtitel *Tod und Mädchen* das Porträthafte hinter sich läßt und eindrucksvoll ins Allgemeingültige übergehen läßt.

Egon Schiele, **Mann und Mädchen (Tod und Mädchen)**

Egon Schiele, **Vier Bäume**

Egon Schiele (1890-1918)
Vier Bäume, 1917
Öl auf Leinwand, 111 x 140 cm
Inv. 3917

Gerade in der künstlerischen Eroberung der Sparte Landschaft hat die österreichische Malerei des 19. Jahrhunderts ihre hervorragendsten Leistungen geschaffen. Traditionslinien dieses reichen Erbes verschränken sich bei Schieles *Vier Bäumen* mit der nervösen Einzigartigkeit des Malers. Die teilweise entlaubte Kastanienallee, die nicht in die Tiefe führt, sondern bildparallel vier Bäumchen nebeneinanderreiht, ist wohl die schönste Landschaftsdarstellung im Spätwerk Schieles. Der abendschwere Himmel, der sich wie die untergehende Sonne in die atmosphärische Bildtiefe zurückzieht, kontrastiert mit den zeichenhaften, hoch aufragenden Bäumen. Die betont symmetrische Wiederholung der Bäume lernte Schiele im sogenannten Parallelismus des Schweizer Malers Ferdinand Hodler kennen, den Schiele als Vorbild nach Gustav Klimt am meisten schätzte. Im rötlichen Abendlicht gewinnt jeder Farbstreifen, aus dem die Landschaft, besonders aber der Himmel aufgebaut ist, in seiner bunten Kleinteiligkeit ein die Fläche füllendes Eigenleben, womit das Bild trotz der Expressivität im Einsatz von Linie und Farbe seiner Herkunft nach auf die dekorativen Prinzipien der Wiener Stilkunst verweist. Denn nichts charakterisiert den Wiener Jugendstil mehr als die allgegenwärtige Neigung, jedes Bildelement als Teil eines ornamentalen Grundmusters aufzufassen. Vor allem aber verdichtet sich die herbstliche Landschaft zu einem Symbol elegisch-schwermütiger Zuständlichkeit, deren Zauber auch über den berühmten Krumauer Stadtlandschaften Schieles liegt.

Egon Schiele (1890-1918)
Die Familie (Kauerndes Menschenpaar), 1918
Öl auf Leinwand, mit Kreidelösung grundiert,
150 x 160 cm
Inv. 4277

Schiele hinterließ das Gemälde, das er selbst ›Kauerndes Menschenpaar‹ nannte und das man seit jeher als eines seiner Hauptwerke würdigte, besonders am unteren Bildrand unvollendet. Wie so oft stellte der Maler sich selbst dar, doch fehlen der Frau die eindeutigen Züge von Edith Schiele, mit der er seit 1915 verheiratet war. Ursprünglich war auch das Kind zwischen den Beinen der Frau, für dessen ungeduldige Erwartung, endlich in das ›stürmische Meer des Lebens hinauszusegeln‹ der Dichter Franz Theodor Csokor goldene Worte fand, in der Komposition nicht vorgesehen. Wahrscheinlich ersetzte Schiele die Blumen, die sich ursprünglich dort befunden hatten, als er von Ediths Schwangerschaft erfuhr. Tatsächlich aber kam das Kind nie zur Welt. Edith Schiele starb hochschwanger am 28. Oktober 1918, drei Tage danach erlag auch Schiele den Folgen einer verheerenden Grippeepidemie. Im Bild umrahmt Schiele, der mit angewinkelten Beinen auf einem Sofa hockt, dessen Konturen im dunklen Hintergrund kaum auszumachen sind, mit seinem hageren Körper und den keulenartigen Armen die Familie. Aber die Körper- und Blickachsen, die bei Mann, Frau und Kind jeweils in eine andere Richtung gehen, lassen ein vorbehaltloses Gefühl von Zusammengehörigkeit nicht aufkommen.

Egon Schiele, **Die Familie (Kauerndes Menschenpaar)**

Oskar Kokoschka, **Stilleben mit totem Hammel**

Oskar Kokoschka (1886-1980)
Stilleben mit totem Hammel, 1910
Öl auf Leinwand, 87 x 114 cm
Inv. 2358

Das Stilleben ist eines der bedeutendsten Werke, die Oskar Kokoschka je malte und jedenfalls das berühmteste Bild der Kokoschka-Sammlung der Österreichischen Galerie. Meist wird das Bild als ein ›Memento mori‹ interpretiert, als abgründig-tiefblickende Metapher einer Welt, die bravourös aus den Fugen geriet. Aus der Überlieferung wissen wir, daß es im Haus von Dr. Reichel entstand, der nicht nur Internist, sondern auch der bedeutendste Kokoschka-Sammler der ersten Jahre war. Das bereits gehäutete Osterlamm wurde aus der Küche herbeigeschafft, die restlichen Elemente wie Schildkröte, rosafarbener Lurch mit Aquarium und weiße Maus fanden sich im Spielzimmer der beiden Söhne, während die Hyazinthe von einem der Kinder irrtümlich aus dem Wintergarten beigebracht wurde. Kokoschkas visionäre Kraft aber verdichtete diese bunt zusammengewürfelten Absonderlichkeiten zu einer dunklen Lebendigkeit, in der jedes Detail in verstörender Art und Weise die »Emanzipation der Dissonanz« (W. Hoffmann) erhöht. In seiner transparenten ›Schönheit‹ gerinnt das nackte Fleisch des toten Hammel wie das Bild insgesamt zu einem schillernden Farbenspiel, aus dem die weiße Hyazinthe vor dem magischen Blau wie ein ›Ewiges Licht‹ aufleuchtet und auch darin den Zusammenhang mit der moralisierenden Stillebentradition seit dem 16. Jahrhundert reflektiert.

Oskar Kokoschka (1886-1980)
Der Rentmeister, 1910
Öl auf Leinwand, 74 x 59 cm
Inv. 2448

Neben zahlreichen Künstlerkollegen und Bohemiens, aber auch Gelehrten und namhaften Persönlichkeiten des Großbürgertums malte Oskar Kokoschka, der Zeit seines Lebens ein großartiger Porträtist war, im Herrenbildnis der Österreichischen Galerie nach eigener Aussage einen ansonsten unbekannten Wiener Rentmeister. Im eigenwilligen Umgang mit den Malmitteln, wo sparsame, brüchige Farben aufhuschen, suchte der Maler das Spiel der Nerven, tieferliegende Abläufe und innerste Vorgänge zu erfassen. Mindestens so wichtig aber sind jene zeichnerischen Hilfsmittel, wenn Kokoschka mit dem Pinselende kratzend in die Farbschicht eingreift, wie etwa bei den fliehenden Wirbeln im schwarzen Anzug des Mannes oder bei der harten Kontur, die das Gesicht umschreibt. Gleichzeitig forciert der Maler die Gebärde als Ausdrucksträger. Die helle Aura, welche vom Kopf des Modells ausstrahlt, wird einerseits zum Ausdruck von Geistigkeit und provoziert andererseits vor dem indifferenten Hintergrund eine Stimmung von Verlorenheit. Insgesamt läßt Kokoschkas Blickweise hinter die Fassade nicht nur an Sigmund Freud denken, sondern findet sich in verwandter Weise auch in der schmucklosen Architektur von Adolf Loos oder beim Literaten Karl Kraus.

Oskar Kokoschka, **Der Rentmeister**

Oskar Kokoschka, **Bildnis der Mutter des Künstlers**

Oskar Kokoschka (1886-1980)
Bildnis der Mutter des Künstlers, 1917
Öl auf Leinwand, 112 x 75 cm
Inv. 5840

Wäre da nicht die ruhige Haltung der Frau, welche die Mittelachse betont, würde die Leinwand unter der Fülle der nervösen Pinselschwünge schier bersten. Kokoschka modellierte die pastose Farbmasse mit einem breiten, flachen Pinsel zu einem Bildgewebe, in dem das sanfte Gesicht der Dargestellten eine zusätzliche Dimension erhält. Während in Kokoschkas früheren Bildern das graphische Element durch kratzende Eingriffe in die Farbschicht etwas Zusätzliches war, lebt das *Bildnis der Mutter* von einer absoluten Gleichrangigkeit der primären Mittel ›Linie‹ und ›Farbe‹. Als Kokoschka 1916 nach Dresden übersiedelte, lernte er die Werke der ›Brücke‹-Maler an Ort und Stelle kennen. Die Aufruhr der Gestaltungsmittel im *Bildnis der Mutter* wich unter deren Einfluß wenig später flächig gespachtelten Farbflächen und ging mit einer totalen Beruhigung Hand in Hand.

Max Oppenheimer (1885-1953)
Klinglerquartett, 1916
Öltempera auf Leinwand, 71 x 80 cm
Inv. 2493

Max Oppenheimer schuf mit Egon Schiele und oft im Streit mit Oskar Kokoschka in den Jahren um 1910 die österreichische Spielart des frühen Expressionismus. Wenig später reflektierte er die neuen Möglichkeiten des französischen Kubismus. In Zürich beteiligte er sich 1916 an der ersten DADA-Ausstellung. In jenem Jahr schuf er mit dem *Klinglerquartett* eine seiner berühmtesten Kompositionen. Das Quartett, das nach seinem Gründer benannt ist, gilt noch heute als die bedeutendste kammermusikalische Vereinigung Deutschlands in der ersten Hälfte des 20. Jahrhunderts. 1935 löste Karl Klingler (1879-1971) das Ensemble auf, da er nicht bereit war, den jüdischen Cellisten zu entlassen, wie es die Nationalsozialisten von ihm verlangten. Oppenheimers Darstellung ist aber kein Porträt dieser Musiker. Ganz im Gegenteil, deren Köpfe blieben außerhalb des Bildganzen. Oppenheimer schuf aber auch kein Stilleben von Musikinstrumenten. Er zielte vielmehr auf die Veranschaulichung des musikalischen Erlebnisses an sich, das als Vesuch, Musik mit den Mitteln der Schwesterkunst Malerei darzustellen, für ihn ein zentrales Anliegen war. Tatsächlich wähnt man durch Stellung und Haltung der Instrumente, durch die Dynamik der steigenden und fallenden Linien, durch das Ineinandergreifen der kubistisch beeinflußten Motive und eine den Rahmen sprengende Fülle den Klang der Instrumente zu hören.

Max Oppenheimer, **Klinglerquartett**

Emil Nolde (1867-1956)
Joseph erzählt seine Träume, 1910
Öl auf Leinwand, 86 x 106 cm
Inv. 2409

Noldes Darstellung erlaubt in der Österreichischen Galerie einen Vergleich mit einem Maler, der nicht nur zu den bedeutendsten Expressionisten Deutschlands zählt, sondern auch für kurze Zeit 1906/07 Mitglied der legendären Künstlergemeinschaft ›Brücke‹ war. Die Darstellung *Joseph erzählt seine Träume* entstand 1910 und ist für Nolde ein frühes Beispiel von Bildern mit biblischer Thematik, die letztlich einen eigenen, herausragenden Teil in seinem Gesamtwerk ausmachen. Mit der Figur des biblischen Joseph, der nicht nur Außenseiter und einfältig wie ein Narr war, worauf das Gewand in der Art eines Harlekin Bezug nimmt, sondern auch ein Ausgezeichneter, sah sich der große Einzelgänger Emil Nolde wesensverwandt.
Übermäßig große Masken in Gelb, Grün und Zinnoberrot umringen mit bedrohlichen Händen und harten Konturen den schmächtigen Joseph. Mit gesenkten Augen erzählt er von den kommenden Dingen und wie er seine Brüder, die ihn argwöhnisch einkreisen, retten wird. In suggestiver Übersteigerung wird die grelle Farbigkeit, die in Wien völlig undenkbar wäre, zum dominierenden Ausdrucksträger.
Oder, wie Werner Haftmann schrieb, die Farbe wird gewalttätig und »bei Nolde gerät alles sogleich ins Ekstatische, in den Bilderstrom seiner aufs Dämonische, Romantische, Urweltliche gerichteten Phantasie«.

Emil Nolde, **Joseph erzählt seine Träume**

\lexej Jawlensky, **Dame vor blauem Hintergrund**

\lexej Jawlensky (1864-1941)
)ame vor blauem Hintergrund, um 1908
Öl, Papier, Leinwand, 63,5 x 44,5 cm
ıv. 4027

Während Nolde zumindest zeitweilig Mitglied der ›Brücke‹ war, vertritt der ıus Rußland gebürtige und seit 1896 in München lebende Alexej Jawlensky den Expressionismus des ›Blauen Reiter‹, lem er durch seine persönlichen Beziehungen zu Wassily Kandinsky besonlers nahe stand. Bei der *Dame vor)lauem Hintergrund* handelt es sich ım eine von zwei Frauendarstellungen aus dem Besitz der Österreichischen Galerie, die beide von Jawlensky ım 1908 gemalt wurden. Eine reale Vorlage dafür fand der Maler in seiner Gattin Helene Neznakomova und rückte ihr rundes Gesicht mit den großen Augen und grünen Schatten spannungsreich in das obere Bildeck. Aber trotz der Nahsichtigkeit wurden die Einzelformen als Farbflächen abstrahiert und halten sich mit dekorativen Einsprengseln wie das Muster am Jackenrevers die Waage. Die kraftvolle, kaum vermischte Farbigkeit in den Tönen Gelb, Rot und Blau lernte Jawlensky einerseits in der (russischen) Volkskunst kennen, andererseits bei den französischen Fauvisten, deren bedeutendster Vertreter Henri Matisse ihn nachhaltig beeinflußte.

Die Kunst der 20er und 30er Jahre

Die Österreichische Galerie besitzt eine umfangreiche und bedeutende Sammlung von Werken der Zeit nach dem Ende des Ersten Weltkrieges bis 1938. Der große Part österreichischer Kunst wird durch eine kleine, konzentrierte Sammlung von Hauptwerken internationaler Kunst bereichert. Wien, vormals Hauptstadt eines Vielvölkerstaates, ist nun nicht mehr alleiniges Zentrum der österreichischen Kunst. Die österreichische Malerei dieser Zeit zeichnet sich durch ihre Vielfalt aus: Ein wesentliches Element sind die Künstlerbünde, außer der Wiener und der Grazer ›Secession‹ ist vor allem der moderne und doch gemäßigte ›Hagenbund‹ zu nennen. Der Individualismus der unterschiedlichsten Künstlerpersönlichkeiten ist ein weiteres Charakteristikum der österreichischen Kunst dieser Zeit: Nebeneinander existieren Expressionismus, ein später Impressionismus, Kubismus, ›Neue Sachlichkeit‹, ›Magischer Realismus‹ sowie fauvistische Tendenzen. In Paris entdeckten die österreichischen Künstler Paul Cézanne und andere Vorbilder der ›Klassischen Moderne‹.

Für die Ausbildung der Künstler waren außerhalb der Wiener Akademie der bildenden Künste jene in München, Stuttgart und Berlin wesentlich. Die meisten etwa ab 1885 geborenen Künstler, von denen hier die Rede ist, waren von der Zäsur des Ersten Weltkrieges betroffen; so z. B. Oskar Kokoschka, der bis 1924 in Dresden blieb, wo er auch an der Akademie lehrte. Franz Wiegele, ein Hauptmeister des ›Nötscher Kreises‹, kam 1916 in die Schweiz, wo er 1917-25 besonders fruchtbare Porträtjahre verbrachte. Die zweite einschneidende Veränderung war der Aufstieg der Nationalsozialisten, durch den seit der Mitte der dreißiger Jahre die Welle der Emigration österreichischer Künstler begann.

Diese äußeren Umstände beeinflußten die Malerei selbst kaum oder bewirkten eine Flucht nach Innen, mitunter sogar ins Ideale, in die Idylle: In den härtesten Zeiten während der Weltwirtschaftskrise, in einer Zeit, in der die Künstlerbünde finanziell überaus schlecht dastanden, die Maler selbst häufig Existenzkämpfe ausfechten mußten, entstanden cézannesk gebaute Landschaften, antik-schöne Menschen in arkadischen Idyllen, es wurden Paraphrasen auf Klassiker der Malerei gemalt neben der Darstellung einer stillen, bürgerlichen Welt der Familie als festgefügtem, sicheren Zentrum.

Das Brüchige, Bizarre kommt weniger in den Motiven als in der Farbigkeit zum Ausdruck, wie überhaupt die Urgewalt der Farbe vielfach neu entdeckt wurde. Nur wenige Bilder im Besitz der Österreichischen Galerie aus dieser Periode üben Zeitkritik; einen Sonderfall bildet daher Oskar Laskes großformatiges *Narrenschiff*.

Das Jahr 1918 bedeutete zwar einen jähen Einschnitt, viele Künstlerpersönlichkeiten wie Gustav Klimt, Egon Schiele und Otto Wagner starben, der Wiener Jugendstil aber wirkte zum Teil noch bis in die zwanziger Jahre nach. Die unterschiedlichsten Stilrichtungen existieren nebeneinander und haben verfließende Grenzen, gehen häufig auch ›Symbiosen‹ ein. Eine wesentliche Gründung war die ›Grazer Secession‹ (1923) durch Wilhelm Thöny, Alfred Wickenburg und Fritz Silberbauer. Thöny, in seinem Frühwerk noch von schwermütiger Expressivität gekennzeichnet, wandte sich ab den frühen dreißiger Jahren visionären Architekturlandschaften voll graphischem Reiz zu. Alfred Wickenburg nahm als einer von wenigen österreichischen Künstlern den Kubismus auf, um ihn aber persönlich in einen ›Plastischen Kubismus‹ umzudenken (*Rinaldo und Armida*, 1923). Fritz Silberauer (*Mein Sohn*, 1926), mit einigen seiner Hauptwerke der ›Neuen Sachlichkeit‹ zuzuordnen, hat das Kunstleben in Graz nach dem

Ersten Weltkrieg entscheidend mitbestimmt. Ein Vorkämpfer des ›Magischen Realismus‹ war der Vorarlberger Rudolf Wacker, der in seinen Stilleben und Landschaften ab Mitte der zwanziger Jahre fast altmeisterliche Vergegenständlichungen zeigte. Während die literarischen Werke von Albert Paris Gütersloh, dem Wegbereiter und Mentor der ›Wiener Schule des Phantastischen Realismus‹, dem Expressionismus angehörten, stehen seine meist kleinformatigen Gemälde dem Surrealismus nahe. Eine progressive Neugründung nach dem Ersten Weltkrieg war die Salzburger Künstlervereinigung ›Der Wassermann‹; Felix Albrecht Harta und der frühverstorbene, wichtige Salzburger Künstler Anton Faistauer sind ihre Begründer. Zunächst noch den Kunstvorstellung der ›Klimtgruppe‹ verhaftet, wurde für den Mitbegründer der ›Neukunstgruppe‹ (1909) in den folgenden Jahren die Auseinandersetzung mit der Kunst Cézannes von größter Bedeutung (*Ajaccio*, 1926). Eine wesentliche Rolle kommt den Kärntner Künstlern der Zwischenkriegszeit zu und mit ihnen der sogenannten ›Nötscher Schule‹. Franz Wiegele und Sebastian Isepp, die aus Nötsch im Gailtal stammten, Anton Kolig aus Mähren und Anton Mahringer entwickelten selbständig das Prinzip der raumschaffenden Farbe im Sinne Cézannes für sich weiter und verbanden strenge Komposition mit sinnlicher Farbenfreude. Mit der ›Nötscher Schule‹ stand der an Cézanne orientierte Wiener Maler Gerhart Frankl in Verbindung (*Kirche von St Jean-Baptiste in Reims*, 1929). Von den Kärntner Künstlern sind besonders Arnold Clementschitsch, Felix Esterl und Jean (Hans) Egger zu nennen, dessen expressiver Stil des Frühwerks sich in Paris nach 1925 zu einer leichten, lockeren Eleganz wandelte. Der Hauptmeister dieser Zeit blieb nach dem Tod von Gustav Klimt und Egon Schiele Oskar Kokoschka, der international bekannteste Künstler dieser Zeit. Von 1924 bis 1931 bereiste er neben Europa Nordafrika und den Vorderen Orient und begann seine individuellen Landschaftsbilder zu malen. Aus dieser Periode stammt auch eines seiner unmittelbarsten Tierbilder (*Der Tigerlöwe*, 1926).

Wien stellte in dieser Zeit vor allem eine Anzahl hervorragender Lehrer an den Akademien und Kunstschulen, die, häufig vom Expressionismus herkommend, zu einer selbständigen Interpretation des Spätimpressionismus fanden: Josef Dobrowsky, von der niederländischen Malerei angeregt mit seinen trotz ihrer dunklen Gedämpftheit von innen heraus leuchtenden Farben, Ferdinand Kitt, Ernst Huber, der von Josef Hoffmann entdeckte Malerautodidakt Franz von Zülow, dessen bäuerliche Landschaften bewußt ursprünglich sind, Sergius Pauser, dessen Werk in den zwanziger- und dreißiger Jahren der ›Neuen Sachlichkeit‹ nahestand. Zu den Hauptvertretern des ›Hagenbundes‹ gehörten Joseph Floch, Franz Lerch und Georg Merkel. Besonders bezeichnend für Floch sind seine Figurenbilder, die sich durch Zeitlosigkeit, Stille und Einsamkeit auszeichnen. Streng komponiert sind Lerchs Architekturlandschaften, Figurenbilder und Porträts. Für Georg Merkel blieb seine Parisreise im Jahre 1905 wegbestimmend: Sie führte ihn in die Welt der Klassizität eines Poussin, Lorrain und Puvis de Chavannes. Mitglied des ›Hagenbundes‹ war auch Georg Ehrlich. Seine Arbeiten – er war von Minne und Lehmbruck beeindruckt – sind lyrisch, empfindsam, harmonisch; wie etwa Merkel ist auch er auf der Suche nach Klassizität (*Die Geschwister*, 1933).

Die Bildhauerkunst war nach 1916 aus ihrem Schattendasein nach dem mitunter schablonenhaften Historismus der Gründerzeit erwacht. Eine Schlüsselfigur ist hier Edmund von Hellmer, der durch seine Lehren über Materialgerechtigkeit und die damit verbundene neuartige Ausbildung für junge Bildhauer Anton Hanak, Josef Müllner und auch Gustinus Ambrosi geprägt hat. Der Hellmer-Schüler Joseph Humplik ist unmittelbar der Kunst der Antike verpflichtet. Der bedeutendste Schüler von Anton Hanak (*Venus Vindobonensis*, 1924-31), Fritz Wotruba, zeigt sich in seinem Frühwerk von der Kunst Minnes und Lehmbrucks, aber auch Maillols beeindruckt. Seine frühen Jünglingstorsi (*Torso*, 1928/29) stehen aber auch der griechisch-archaischen Kunst nahe. Wotrubas einziges Thema war der Mensch, sein Material der Stein. Wotruba wurde nach seiner Emigration in die Schweiz 1945 an die Akademie der bildenden Künste in Wien berufen, wo er durch seine neue Form und Ordnung in der Bildhauerei eine ganze Generation von jungen Bildhauern in seinen Bann zog.

Künstler und Lehrer einer bis heute wirksamen Schule war auch Herbert Boeckl, dessen eigenste Leistung in der Entdeckung des Elementaren in der Farbe besteht (*Sommerabend am Klopeiner See*, 1923).
Zu den internationalen Vergleichsbeispielen aus der Zeit nach 1918 zählen Werke so wesentlicher Künstler wie der Bildhauer Ernst Barlach (*Der Zweifler*, 1931), Georg Kolbe (*Meerweibchen*, 1921), Alexander Archipenko (*Weiblicher Akt*, 1920) und Gerhard Marcks; der Maler Max Beckmann (*Liegende Frau mit Buch und Schwertlilien*, 1931), Erich Heckel, Carl Hofer (*Mädchen mit Blattpflanze*, 1923), Ernst Ludwig Kirchner (*Die Klosterser Berge*, um 1923) und Maurice de Vlaminck (*Häuser*, 1920).

Herbert Boeckl (1894-1966)
Sommerabend am Klopeiner See, 1923
Öl auf Leinwand, 44 x 52 cm
Inv. 2444

Herbert Boeckl, Hauptmeister der Kuns der zwanziger und dreißiger Jahre stammt aus Klagenfurt (Kärnten).
In seiner Frühzeit von Egon Schiele un Oskar Kokoschka beeindruckt, setzte e sich nach dem Ende des Ersten Welt krieges mit Lovis Corinth auseinander 1923, während einer Studienreise nach Paris, hatte er das entscheidende Erleb nis der Begegnung mit den Klassiker der Moderne, Cézanne, van Gogh, Géri cault und vor allem mit den ›Fauves‹ Boeckls Werk der zwanziger Jahre wa ausschließlich von der Farbe her be stimmt: »In den Ölbildern vollends ent faltet sich das Kolorit mit solcher Kraf daß man zunächst geneigt ist, über de Brutalität des Auftrages die streng kom positorische Fügung und den subtile Reichtum an Farbnuancen zu überse hen, die hier ein enorm sinnliches Tem perament zu künstlerischer Klarhei bändigen.« (Gerhart Schmidt, 1956)
Nach seiner Rückkehr aus Berlin schu Herbert Boeckl einige kleine Bilder

Herbert Boeckl, **Sommerabend am Klopeiner See**

Hans (Jean) Egger, **Landschaft mit Kirchturm (St. Martin am Silberberg)**

die von einer ursprünglichen, vitalen Freude an seiner Heimat sprechen: »Das Bild *Sommerabend am Klopeinersee* gibt eine fröhlich-unbeschwerte Szene wieder, entsprechend dazu verbreitet die Farbe Stimmung, sie vermittelt ein unbestimmbar angenehmes Gefühl ... Die große Sicherheit, mit der die Akte und der Liegende mit wenigen kräftigen Pinselzügen auf das Grün und Blau gesetzt sind, ist bewundernswert. Das Rot des Abendhimmels und der Figuren wird selbstverständlich, seine Leuchtkraft kommt erst nach und nach zu Bewußtsein.« (Gerbert Frodl, 1976)

Hans (Jean) Egger (1897-1934)
Landschaft mit Kirchturm (St. Martin am Silberberg), um 1923
Öl auf Leinwand, 79 x 63 cm
Inv. 4388

1995, im Erscheinungsjahr des vorliegenden Führers, kann zum ersten Mal eine umfassende Retrospektive des Künstlers in der Österreichischen Galerie gezeigt werden. Teile des Werkes des frühverstorbenen Künstlers Egger gelten als verschollen. Gebürtiger Kärntner, erhielt er seine künstlerische Ausbildung in München. Außer diesem Kunstzentrum wurde vor allem Skandinavien für ihn wesentlich, wo er

Gerhart Frankl, **Die Kirche im Grünen**

einen nachhaltigen Eindruck durch das Werk von Edvard Munch empfing. Die wichtigste Zeit seines Schaffens ist jedoch nach 1925, dem Jahr seiner Übersiedlung nach Paris. Es wurde zum entscheidenden Erlebnis für seine künstlerische Weiterentwicklung. Seine expressive Landschaftsmalerei, dem Frühwerk Boeckls nicht unähnlich, wandelte sich allmählich zu einem persönlichen, eleganteren, leichteren Stil. Vielseitig als Landschaftsmaler, Maler von Porträts und Akten, trat er in Paris besonders als Porträtmaler hervor und hatte dort mit zahlreichen Ausstellungen Erfolg.
Die *Landschaft mit Kirchturm* ist noch vor seiner Pariser Zeit entstanden, sie verbindet unbändige expressive leidenschaftliche Kraft mit lyrischer Zartheit.

Gerhart Frankl (1901-1965)
Die Kirche im Grünen
(St. Jean Baptiste in Reims), 1929
Öl auf Leinwand, 55,5 x 82,5 cm
Inv. 3172

Wesensverwandt der Malerei des ›Nötscher Kreises‹, studierte er 1920/21 in Nötsch, das ein wichtiges Zentrum der Malerei dieser Zeit in Österreich war. Frankl, der ursprünglich Chemie studierte, aber schon früh zu seiner eigentlichen Berufung fand, war Maler und Kunsttheoretiker und setzte sich zeit seines Lebens in seiner Malerei und besonders in seinen Zeichnungen mit den Meisterwerken alter Kunst auseinander. Eine besonders starke Verbindung zur Österreichischen Galerie besteht durch seine zeichnerische Umsetzung von Figuren des Meisters von Großlobming (vgl. S. 24/25). Seine überaus kultivierte Malerei steht in unmittelbarem Zusammenhang mit seiner Berührung mit dem französischen Postimpressionismus, insbesondere mit dem Werk Paul Cézannes. Dies gilt vor allem für ein Stilleben in feinen, samtigen Valeurs, dem *Stilleben mit Tonpfeife* aus dem Jahre 1928; und das nahezu monochrome Landschaftsbild *Die Kirche im Grünen* von 1929. Das Bild entstammt einem Aufenthalt in Frankreich, zeigt in seiner gleich einem Gefüge in der Landschaft gebauten Kirche seine Nähe zu Cézanne, aber auch zu seinem Zeitgenossen Herbert Boeckl und ist in der ruhigen Tonigkeit und den Stimmungswerten eine Annäherung an die Malerei von Utrillo.

Albert Paris Gütersloh (1887-1973)
Torbole, 1926
Öl auf Leinwand, 58 x 70 cm
Inv. 2596

Gütersloh, mit bürgerlichem Namen Albert Konrad Kiehtreiber, war als Maler Autodidakt. Er ist einer der ›Väter der Moderne‹, deren Wirken in den zwanziger und dreißiger Jahren wesentlich für die Entstehung und Entwicklung bestimmter Kunstrichtungen in der Zeit nach 1945 in Österreich war. Gütersloh, ein Multitalent, dessen frühe literarische Arbeiten dem Expressionismus angehören, in einer Zeit, als er in der Malerei dem Surrealismus zuzuzählen ist, war Wegbereiter und Mentor der ›Wiener Schule des phantastischen Realismus‹. Gütersloh ist in der Sammlung der Österreichischen Galerie mit zwei Werken vertreten, einem Porträt seiner Tochter aus dem Jahr 1934 und der Landschaft *Torbole* von 1926. Dieses Bild ist eines der vielen Beispiele für zeitgenössische Ankäufe für die Sammlung der Österreichischen Galerie: In diesem Fall widmete die Julius-Reich-Künstler-Stiftung das Bild unmittelbar im Entstehungsjahr 1926. In dieser kompliziert gebauten, vielschichtigen Landschaft dient der reale Ort Torbole am Gardasee einer Darstellung vergänglicher Schönheit, überhöht von einer bedrohlichen Wolkenarchitektur über der Ortschaft, ihrer Spiegelung und der Einbindung in die fast tropische Landschaft.

Oskar Kokoschka (1886-1980)
Der Tigerlöwe, 1926
Öl auf Leinwand, 96 x 129 cm
Inv. 6323

In der Sammlung der Österreichischen Galerie befinden sich Hauptwerke aus allen Schaffensperioden Kokoschkas. Aus seiner siebenjährigen Reisezeit nach 1924 stammt das impressionistisch-lockere Gemälde *Dulcie bridge*, aus dem Jahre 1929, gemalt in Schottland, und das überwältigende Tierbild, das im Londoner Zoo entstanden ist, *Der Tigerlöwe*. Kokoschka stellte sich in diesem Tiergarten persönlich dem Tier als Urgewalt, einem Mandrill und der exotischen, einzigartigen Kreuzung zwischen Löwe und Tiger: »Nachts malte ich dort im Affenhaus einen einsamen, großen Mandrill, der mich tief haßte, obwohl ich ihm immer Bananen mitbrachte, um mich gefällig

Albert Paris Gütersloh, **Torbole**

zu machen.« Einen unauslöschlichen Eindruck hinterließ aber das Raubtier auf den wartenden Künstler: »In den ganz frühen Morgenstunden, bevor die Besucher kamen, so hatte ich mit dem Wärter ausgemacht, könnte ich meine Staffelei und meine Malsachen innerhalb der Barriere des Käfiges des Tigerlöwen aufstellen. Das Tier war ein Geschenk eines indischen Maharadschas, eine nie wiederholte Kreuzung zwischen Löwe und Tiger. Ich war schläfrig an die starken Eisenstangen des Käfigs gelehnt und erwartete einen Schock, als der Wärter mit einer Kette von außen die Falltür zum Nachtkäfig der Bestie öffnete ... Der Schock, als die Riesenkatze wie eine flammende, gelbe Bombe aus dem Dunkeln mit allen Vieren ins Licht, ins Freie, auf mich sprang, als wollte sie mich in Fetzen reißen, genügte, um mich zu wecken!« (Oskar Kokoschka) Elementar, animalisch, gegnerisch, dieses wilde Tier ist ebenso individuell aufgefaßt wie Kokoschkas Städtebilder: Von den zahlreichen ›Porträts‹ der Heimatstadt seines Vaters, Prag, besitzt die Österreichische Galerie das signifikante *Prager Hafen* aus dem Jahre 1936.

Anton Kolig (1886-1950)
Die Familie des Künstlers, 1928
Öl auf Leinwand, 180 x 200 cm
Inv. 2891

Nahezu gleichzeitig mit dem *Familienbild Isepp* von Franz Wiegele entstand dieses Familienbild, das Wiegeles Schwager, Anton Kolig, im Jahre 1928 schuf. Hier steht das Monumentale, Plastische im Vordergrund, die Anordnung der einzelnen Familienmitglieder gleicht der von Brunnenfiguren: »Kolig hat mit seinen Mitteln die innere Dynamik, die Stoßkraft der Gesten des Verrocchio wiedererobert. Das mächtige Motiv des Stehens, Sitzens, Kniens und Liegens wurde zu neuem Leben erweckt ... Dieses Familienschiff, das im leeren Raum treibt und jede Anlehnung an ein bürgerliches Interieur ablehnt, ist einem Denkmal verwandter als einer Familienszene... Alle sind wie gebannt im Anblick des malenden Vaters. So ernst wie die Flußgötter am Donner-Brunnen, wie die Apostel beim *Letzten Abendmahl* in San Giorgio Maggiore.« (Bohdan Heřmanský, 1975) Kolig, in Mähren geboren, wurde in Wien durch Gustav Klimt und Carl Moll gefördert und kam bereits sehr früh mit dem Kärntner Kreis durch seine Freundschaft mit Franz Wiegele,

Oskar Kokoschka, **Der Tigerlöwe**

Anton Kolig, **Die Familie des Künstlers**

dessen Schwester er 1911 geheiratet hatte, in Berührung: »Ich nannte die ›Nötscher Schule‹, deren Gründer und Leiter Anton Kolig war, imaginär, weil es keineswegs ohne weiteres klar scheint, ob man von einer ›Nötscher Schule‹ reden kann, wenn man damit Kolig und Wiegele zusammenfassen will. Denn de facto, so könnte man einwenden, haben die zwei ja niemals gleichzeitig in Nötsch gearbeitet oder gelebt. Im Jahre 1911 kam Kolig zum ersten Mal nach Nötsch zu Wiegele. 1912 war er bereits in Paris... Wiegele war damals in Algier, wo er in Kriegsgefangenschaft geriet, während Kolig, unter Verlust all seiner Bilder und seines Hab und Gutes, noch über die Grenze entkommen konnte. Wiegele lebte in Zürich und kehrte erst 1925 nach Nötsch zurück. Kurz darauf folgte aber Kolig seiner Berufung an die Kunstakademie in Stuttgart, von wo er erst 1943, also ein Jahr vor Wiegeles Tod, nach Nötsch heimgekehrt war.« (Heřmanský, 1975)

Das zentrale Anliegen von Koligs Darstellungen war fast ausschließlich der Mensch, vor allem das Studium des jungen männlichen Akts nimmt einen Großteil seines Werkes ein. Gelegentlich wird auch das Stilleben zum selbständigen Gestaltungsgegenstand erhoben, die Landschaft fehlt fast völlig. In die Zeit der zwanziger Jahre fällt auch seine Hauptzeit als Monumentalmaler. So schuf er 1925 Fresken für das Wiener Krematorium, 1930 für das Klagenfurter Landhaus, 1927 das große Mosaik für die Vorhalle des Salzburger Festspielhauses. Im schicksalsträchtigen Nötsch wurde er 1944 bei einem Bombenangriff, bei dem Wiegele den Tod fand, verschüttet.

Oskar Laske, **Das Narrenschiff**

Oskar Laske (1874-1951)
Das Narrenschiff, 1923
Tempera auf Leinwand, 195 x 240 cm
Inv. 2387

In diesem Schlüsselbild aus der Zeit zwischen den beiden Kriegen transponiert der Künstler die satirische Dichtung des ›Narrenschiffes‹ des Straßburger Humanisten Sebastian Brant aus dem Jahre 1494 in seine eigene Zeit. Laske selbst blickt hoch vom Mast auf das Treiben seiner Zeitgenossen und die ›Torheiten‹ der Welt. Seinem kritischen Blick mußten auch Maler wie Egon Schiele und Gustav Klimt, Bildhauer wie Anton Hanak, Schriftsteller wie Stefan Zweig, Architekten, Kunsthistoriker und der Satiriker Karl Kraus standhalten.
Laske, Mitglied des ›Hagenbundes‹, studierte Architektur an der Akademie der bildenden Künste bei Otto Wagner, war auch nach dem Studium als Architekt tätig, bevor er sich ab 1904 seiner eigentlichen Berufung, der Malerei und Graphik zuwandte. Für viele Maler seiner Generation waren die Reisen in andere Länder wesentlich, für ihn wurden Studienreisen nach Italien, in die Türkei und nach Nordafrika von essentieller Bedeutung, überall malte er seine Landschaftsaquarelle und Stadtveduten. Ein wesentlicher Grundzug unterscheidet ihn jedoch von seinen Zeitgenossen. Es ist das Erzählerische, das er in seine Landschaftsmalerei, die vom ›Stimmungsimpressionismus‹ herkommt, übernimmt. Seine vielfigurigen, demaskierenden Bilder sind von großer eigenständiger Kraft. Ursprünglichkeit, Phantasie und dichterische Eigenwilligkeit prägen seine Werke.

Sergius Pauser (1896-1970)
Südfranzösischer Garten (Cap Ferrat), 1935
Öl auf Leinwand, 73 x 92 cm
Inv. 3324

Die Begegnung mit Frankreich hat bei Pauser wie bei Wilhelm Thöny oder Jean Egger eine Wende zu einer schwereloseren, helleren, heiteren Malweise bewirkt: Zwei Fassungen dieses südfranzösischen Gartens und zahlreiche Pariser Städtebilder aus dieser Zeit zeugen davon.
Der Wiener Maler war Porträtist, Landschafter und Maler von Stilleben. Für ihn wurde in der Frühzeit sein Münchener Studium wesentlich und daneben der Eindruck der Malerei Carl Hofers, des frühen Max Beckmann und Otto Dix. In Wien studierte er 1925/26 bei Carl Sterrer und wurde 1927 Mitglied der ›Wiener Secession‹. Sein Frühwerk steht vor allem im Zeichen der ›Neuen Sachlichkeit‹. Von der Kühle und Strenge, auch Melancholie dieser Anfänge ist in der hellen, ›impressionistischen‹ Malerei der dreißiger Jahre eine Wende zur Auflockerung, zu hellen, leuchtenden Farben zu bemerken: »In lockeren, flüchtigen Pinselstrichen hielt der Maler die üppige Pflanzenwelt dieses Gartens fest, dessen dominierende Grüntöne durch die leuchtend roten Farbpunkte der Blüten unterbrochen und belebt werden. Auf dem Boden spiegelt sich in den hellen Flecken das Spiel der Sonne, die Teile der hinter der dichten Vegetation gerade noch sichtbaren rötlichen Fassade eines Hauses fast weiß erscheinen läßt ... Dem Maler gelang es in diesem Bild, die sonnendurchflutete Atmosphäre eines Sommertages in der Idylle eines südlichen Gartens einzufangen.« (Cornelia Reiter, 1992)

Sergius Pauser, **Südfranzösischer Garten (Cap Ferrat)**

Fritz Silberbauer
Mein Sohn, 1926
Tempera, Holz, 40,5 x 35 cm
Inv. Lg 579

Durch die Jahrhunderte läßt sich in der Sammlung der Österreichischen Galerie die Darstellung des Kindes verfolgen: Erst in unserem Jahrhundert steht das Kind als solches ohne erwachsene Verkleidung vor uns.
Silberbauer, aus Leibnitz bei Graz stammend, studierte bei dem Hoelzel-Schüler Alfred von Schroetter-Kristelli in Graz, an der Kunstgewerbeschule in Dresden und schließlich bei Ferdinand Schmutzer in Wien. Im Gegensatz zu Wilhelm Thöny, mit dem und Alfred Wickenburg er die ›Grazer Secession‹ mitbegründete, blieb für ihn Graz der Mittelpunkt seines Wirkens, wo er ab 1928 Leiter der Steirischen Landeskunstschule wurde und als Lehrer vieler Schülergenerationen wirkte. Zu dieser Zeit entwickelte er, von Adolf Hoelzel ausgehend, eine Formen- und Farbenlehre für seine Schüler.
Das Porträt seines Sohnes gehört der ›Neuen Sachlichkeit‹ an, es ist von expressiver Kraft und doch zart: »In den ersten Bildern besticht die ungewöhnliche Mischung von Einfachheit und Kunstfertigkeit, wie sie der moderne Mensch nur in Ausnahmefällen erreicht, während das Temperabild *Mein Sohn* mit dem ganzen Ernst eines alten Meisters vorgetragen ist ...« (Ulrich Baumgartner, 1967).

Fritz Silberbauer, **Mein Sohn**

Wilhelm Thöny, **Paris, 11. November (Place de la Concorde)**

Wilhelm Thöny (1888-1949)
Paris, 11. November (Place de la Concorde)
um 1935
Öl auf Leinwand, 60 x 92 cm
Inv. 5826

Der gebürtige Grazer Wilhelm Thöny bringt, wie es schon in der ersten Hälfte des 19. Jahrhunderts in der österreichischen Kunst geläufig war, Münchener Einflüsse in seine Malerei ein, von seiner Ausbildung her und als maßgebliches Gründungsmitglied der ›Münchener Neuen Secession‹. Mit Alfred Wickenburg und Fritz Silberbauer begründete er 1923 die ›Grazer Secession‹. 1931 übersiedelte Thöny nach Paris, das er enthusiastisch für sich entdeckte, um es in visionären Architekturlandschaften voll graphischem Reiz und sparsam akzentuierter Farbigkeit wiederzugeben. Thöny selbst äußerte sich wiederholt über seine Pariser Eindrücke: »Eben komme ich vom Atelier, wo ich mich täglich 8-10 Stunden mit großen Bildern beschäftige ... das andere, Paris, ebenso groß, mit der schwarzen Notre-Dame fast in der Mitte, viel Himmel ...« (1935, in einem Brief an Alfred Kubin). Anders als in den schwermütig-düsteren und expressiven Werken seiner Grazer Zeit fand er in Paris zu einem flaumigleichten, lockeren Malstil; Hand in Hand gehend mit seinen ersten Eindrücken: »Jetzt tastet sich die abendliche Sonne mit ihren gelblichen Strahlengarben, die das Gewölk durchbrochen haben, wie ein riesiger Scheinwerfer über das Labyrinth und entreißt so Stück für Stück der phantastischen Stadt dem Dunst und dem Grau eines späten Herbsttages. Weit draußen leuchtet der Montmartre; weißlich schimmert Nôtre-Dame aus der Île de la Cité, die goldene Kuppel des feierlichen Dôme des Invalides steigt auf, und hier unten blitzt die Seine mit ihren 32 Brücken, ihren zahllosen Dampfern und Frachtschiffen aus dem Häusermeer.« Bruno Grimschitz schreibt über Thönys Pariser Farberlebnis im Jahre 1950: »Mit den fortschreitenden Jahren des Pariser Aufenthaltes lockert sich das Gefüge der Ölfarben, wird durchsichtig, gleich dem durchscheinenden Charakter des Aquarells, und er erlangt auch, in einer konsequenten Entwicklung, dessen Helligkeitsgrade. Thöny führt seine Palette zu einer ganz persönlichen, unverwechselbaren Physiognomie. Es ist das Blau, lichtdurchtränkt, bewegt und von einer ungewöhnlichen Suggestionskraft schwebender Weite, das zum Grundton der farbigen Erfindung erhoben wird. In das Blau bettet sich Grün ein, kühl wie das Blau und der äußerste Farbenkontrast von Weiß und Schwarz ...«

Franz Wiegele,
Familienbild Isepp

Franz Wiegele (1887-1944)
Familienbild Isepp, 1927/28
Öl auf Leinwand, 180 x 100 cm
Inv. 2835

Die Künstlervereinigungen waren für die jungen Künstler von großer Bedeutung: Im fortschrittlichen ›Hagenbund‹ stellte Wiegele im Jahre 1911 zum ersten Mal sein großformatiges Bild *Akte im Walde* aus, das im weiteren Sinne ein Familienbild ist, ein wesentliches Thema in Wiegeles gesamten Schaffen. Sein wichtigstes ist das vorliegende, das im Rahmen das Selbstbildnis des Künstlers spiegelt. In diesem schrägen ›Menschenturm‹ steht in Wiegeles brillanter, klarer Farbigkeit feinst Ausgeführtes neben Unvollendetem.

Das Früchtestilleben in Wiegeles bevorzugtem Oval wächst mit der stillebenhaften Auffassung der Porträts zu einer ungewöhnlichen Einheit zusammen.

Für den durch den großen Förderer junger Künstler, Carl Moll, Entdeckten, wurden Afrika, Paris und die Schweiz wesentlich, wo er sich vor allem der Porträtmalerei widmete. Das *Familienbild Isepp* entstand jedoch bereits im heimatlichen Nötsch im Gailtal (Kärnten), wo Wiegele die Schmiede seines Vaters zum Atelier umgebaut hatte. Wiegele, der Hauptvertreter des sogenannten ›Nötscher Kreises‹, zu dem Anton Kolig, Sebastian Isepp und Bohdan Heřmanský zählen, machte vor allem auf zahlreiche jüngere Kärntner Maler bedeutenden Eindruck. Über Franz Wiegeles Familienbilder schreibt schon Heřmanský in seinem Aufsatz aus dem Jahre 1970 unter anderem: »Wiegele konnte tagelang, wochenlang vor seinem Bild auf den Augenblick warten, in dem es ihm gegeben war mit souveräner Sicherheit weiterzukommen. Man könnte bei der stillen Beschaulichkeit (des *Familienbildes Isepp*) an das *Frühstück im Atelier* von Manet denken, aber der strenge gotische Aufbau, das helle strahlende Oberlicht, die rhythmischen Farbflächen ... , das alles ist eben aus einer ganz anderen Welt ... Auch farbig ist dieses Bild ein Höhepunkt in Wiegeles Werk ... «

Carl Hofer (1878-1955)
Mädchen mit Blattpflanze, 1923
Öl auf Leinwand, 106 x 73 cm
Inv. 2501 (NG 1239), Erw. 1925 von der Galerie Flechtheim, Berlin

Besonders anschaulich kann bei diesem Werk zeitgleiche österreichische und ›internationale‹ Kunst verglichen werden: Carl Hofer mit dem österreichischen Künstler Franz Lerch; insbesondere dieses *Mädchen mit Blattpflanze*

Carl Hofer,
Mädchen mit Blattpflanze

Ernst Ludwig Kirchner, **Die Klosterser Berge**

und dessen *Offenes Fenster*, entstanden 1929, und *Mädchen mit Hut* aus demselben Jahr.
Carl Hofer, 1878 in Karlsruhe geboren, wo er auch an der Kunstschule studierte, um danach an der Stuttgarter Akademie die Meisterschule zu besuchen, wurde im Jahre 1923, dem Entstehungsjahr des *Mädchen mit Blattpflanze* zum Mitglied der Preußischen Akademie der Künste in Berlin berufen. Gerade zu dieser Zeit fand er zu seinem Expressionismus eigener Prägung gemäßigter Art.
Carl Hofers Farben – wie hier dieses charakteristische helle Gelb des Gewandes – und seine Gesichter sind von unverkennbarer Eigenart. Sie sprechen eine Sprache leuchtender Stille und stehen eben damit gerade einer Reihe von Künstlern des ›Hagenbundes‹ nahe.
Carl Hofer wurde 1934 aus dem Lehramt der Berliner Kunsthochschule entlassen, er galt als ›entarteter Künstler‹.

Ernst Ludwig Kirchner (1880-1938)
Die Klosterser Berge, um 1923
Öl auf Leinwand, 121 x 121 cm
Inv. 2475, Erw. 1924 von der Galerie Schames, Frankfurt am Main

Die Schweizer Berge bedeuteten für den Künstler einen Wendepunkt seines Lebens: »Freunde bringen den Todkranken 1917 in die Schweiz. Das Unerwartete vollzieht sich. Kirchner gesundet angesichts der Bergwelt und gestaltet in einem neuen Kapitel seines Werkes das geniale künstlerische Gleichnis seiner neuen Umgebung ...« (Annemarie Dube-Heynig, 1987).
Der Programmatiker der ›Brücke‹ hatte ein besonders düsteres Schicksal: Im Jahre 1937 wurden 639 seiner Werke von den Nationalsozialisten beschlagnahmt, und 32 dieser Arbeiten wurden in der Wanderausstellung ›Entartete Kunst‹ gezeigt. Der tiefst depressive Künstler setzte am 15. Juni 1938 seinem Leben ein Ende.

Kunst und Leben sind bei Kirchner aufs engste verknüpft: »Der Stadt entfremdet, zog er sich in die Schweiz zurück. Der Ortswechsel war motivlich und stilistisch von Veränderungen begleitet. Die Tänzerinnen, Akrobaten und Straßenpassanten der Dresdner und Berliner Großstadt-Bilderwelt wurden nun in seinen Werken von der Einsamkeit und Erhabenheit der Schweizer Berglandschaft samt ihren Bewohnern abgelöst; der splittrige Duktus mit den gefächerten Konturen wich festeren, abgerundeteren, nach größerer Klarheit und Monumentalität strebenden Formen und einer tieferen, satteren Farbigkeit.« (Hella Markus, 1989)

Georg Ehrlich (1897-1966)
Die Geschwister, 1933
Bronze, H: 167 cm
Inv. Lg. 76

Die plastische Gruppe gelangte bereits ein Jahr nach ihrer Entstehung als Leihgabe des Vereins der Museumsfreunde in Wien in die Österreichische Galerie.
Georg Ehrlich ist eine der wesentlichen Persönlichkeiten der Zeit zwischen den Kriegen – er war langjähriges Mitglied der bedeutenden Künstlervereinigung ›Hagenbund‹ von 1925 bis 1938.
Zuerst Graphiker, wandte er sich erst 1926 der Plastik zu, nicht ohne seine ausgesprochen lyrisch-empfindsame Komponente auch hier einzubringen.

Georg Ehrlich,
Die Geschwister

Anton Hanak,
Venus Vindobonensis,
(›Venus Panzer‹)

Fünf Jahre vor seiner Emigration nach London entstand die lebensgroße Bronzeplastik *Die Geschwister*, die nach vorangehenden Entwurfzeichnungen ursprünglich eine konventionellere Mutter-Kind-Darstellung werden sollte: Das Verwundbare, Hilfesuchende – ein Ausdruck auch für diese Zeit – wird durch das Schutzsuchen des kleineren Geschwisterchens bei der großen Schwester, die ›erwachsen‹ dargestellt wird, noch drastischer gezeigt.
In Ehrlichs Plastik, zu der er autodidaktisch fand, spielen Georg Minne und Wilhelm Lehmbruck als Vorbilder eine große Rolle. In diesem säulenförmig aufragenden Werk gelingt es ihm jedoch, sich von ihnen zu lösen und eigenständig ein Hauptwerk der österreichischen Zeit zwischen den Kriegen zu schaffen.

Anton Hanak (1875-1934)
Venus Vindobonensis (›Venus Panzer‹)
1924-31
Laaser Marmor, H: 209 cm
Inv. 8330

Seit dem Jahre 1924 arbeitete Hanak an einer ›Venus‹. Sie stellt das Ende einer langen Entwicklungsreihe dar: In einer ersten Idee stellte Hanak im Jahre 1924 das Programm ›einer Stadt als Plastik‹ in einem Vortrag der Stadt Wien vor, für die er einen Lebensraum mit überpersönlichen Werten schaffen wollte. Dazu sollte auch ein ›Tempel der Venus von Wien‹ gehören, für den eine Kultfigur gedacht war, eben die spätere ›Venus Vindobonensis‹. Die Zwischenstufen dieser Entwicklungsreihe sind durch zahlreiche Entwürfe dokumentiert. Die hier gezeigte endgültige Fas-

sung ist aus Laaser Marmor, der ähnlich dem Carrara-Marmor, aber wetterbeständiger ist. Das Werk wurde im Jahr 1931 in der damaligen Villa Skywa-Panzer in Wien-Hietzing aufgestellt, wo es nach dem Tode Dr. Panzers 1936 alle widrigen Zeitumstände überdauerte, bis es nach der Besatzungszeit mit anderen Kunstgegenständen abtransportiert wurde und lange Zeit als verschollen galt.
Seit dem Jahre 1971 stand sie als Leihgabe von Dr. Basil Panzer, London, im Anton-Hanak-Museum in Lang-Enzersdorf (Niederösterreich), wo sich auch zugehörige Gipsstudien befinden. Noch in Hanaks Nachlaß fand sich eine groß ausgeführte Holzplastik desselben Typus – diese ›unantike‹ Venus hat ihn als Gedanke jahrzehntelang begleitet.

Fritz Wotruba (1907-1975)
Torso, 1928/29
Guß von 1979 nach der Kalksteinfassung
Inv. I.N. 6291

In der Sammlung der Österreichischen Galerie ist es möglich, eine Kontinuität der österreichischen Bildhauerei vom Ende des 19. Jahrhunderts bis heute zu veranschaulichen: in sehr konkreter Weise von einer Porträtstele des bedeutenden Edmund von Hellmer, dessen ›Lehrjahre in der Plastik‹ die theoretische Voraussetzung für künftige Bildhauergenerationen schuf. Seine Forderungen, insbesondere die nach Materialgerechtigkeit, wurden von ihm über Anton Hanak, dem Lehrer Fritz Wotrubas, und über diesen wieder bis in die sechziger Jahre dieses Jahrhunderts an Bildhauer wie etwa Roland Goeschl tradiert.

Fritz Wotruba, **Torso**

Fritz Wotruba war als Künstler und Bildhauer eine zentrale Figur für die österreichische Kunst. In den Jahren 1926 bis 1928 studierte er bei Anton Hanak, knapp danach, 1928/29, entstand bereits sein erster männlicher Torso aus Kalkstein, dessen formale Lösung auch noch für die nächste Bildhauergeneration vorbildhaft blieb. »Als Maillol, aufmerksam gemacht auf die Plastiken Wotrubas, eine Ausstellung österreichischer Kunst im Pariser Jeu de Paume besuchte, wollte er es nicht glauben, daß der *Männliche Torso* von einem Zweiundzwanzigjährigen geschaffen worden sei.« (Jean-R. de Salis, 1948)

Alexander Archipenko (1887-1964)
Weiblicher Akt, um 1920
Bronze, Höhe 52 cm
Inv. NG P120, Erw. 1923 vom Künstler

Das Werk stammt aus der Zeit, in der der Künstler nach Berlin zog, wo er 1921 seine Berliner Kunstschule eröffnete. Archipenko, aus Kiew stammend, wo er auch Malerei und Bildhauerei studierte, bildete sich in Paris an der Ecole des Beaux-Arts weiter, wo ihn die dort vertretene Kunstauffassung einer Rodin-Nachfolge enttäuschte und er vor allem im Louvre in der Antikensammlung seine eigentliche Schule fand. Archipenko sollte in der Zeit des Nationalsozialismus als ›entarteter‹ Künstler gelten. Er selbst lehrte damals am New Bauhaus in Chicago. In Deutschland aber wurden 22 seiner Werke entfernt. In dem weiblichen Akt von 1920 mischt sich Ausdruckskraft mit lyrischem Empfinden, die starke Bewegung ist in eine einheitliche Form gebannt: »Archipenko war der erste expressionistische Bildhauer ... die ganze nachfolgende Generation in Deutschland (besitzt) vieles von ihm. Bald aber ... schwenkte er vom Expressionismus schleunigst ab. Er ging zum Expressionismus, dann zu sich selber.« (Iwan Groll, 1921)

Alexander Archipenko,
Weiblicher Akt

Kunst nach '45

So anfechtbar die These von der ›Stunde Null‹ ist, so sicher und restlos verschüttet waren in Österreich im Jahr 1945 alle Traditionen der Moderne. Verschärfend kam hinzu, daß die hiesige Malerei und Plastik auch schon in den beiden Jahrzehnten vor dem NS-Kahlschlag vieles von den Errungenschaften der internationalen Avantgarde nicht mehr wahrgenommen hatte. Mit ›Ächzen und Stöhnen‹ die einen, selbstbewußt und aggressiv-irritierend die anderen, suchten nach Kriegsende Teile einer sich neu formierenden Kunstszene den Austausch mit den Erfahrungen der internationalen Avantgarde. Partielle Anknüpfungspunkte innerhalb der österreichischen Tradition boten besonders die ›Alten Meister‹ und neu bestellten Akademieprofessoren Herbert Boeckl, Albert Paris Gütersloh und aus der Entfernung der Emigration auch Oskar Kokoschka. Besonders aber der Bildhauer Fritz Wotruba wurde zum Mittelpunkt einer nach ihm benannten Schule, die Wien zu einem Zentrum der europäischen Nachkriegsplastik machte.

In der Bildhauerei bezeichnet die sogenannte Wotruba-Schule zunächst einen gemeinsamen prägenden Mittelpunkt und nicht unbedingt morphologische Erscheinungsformen einheitlicher Art. Das Gegensätzliche, das der Schulbegriff eigentlich nicht mehr zu umfassen in der Lage ist, zeigen so renommierte und in ihrer Art völlig unterschiedliche Exponenten wie Alfred Hrdlicka und Joannis Avramidis, die beide im Bestand der Österreichischen Galerie eher bescheiden vertreten sind. Dasselbe gilt für Rudolf Hoflehner und Josef Pillhofer, Andreas Urteil oder Karl Prantl.

Die neuen Wege plastischen Gestaltens hinsichtlich Stil, Material und Technik, wie wir sie etwa seit den siebziger Jahren bei Bruno Gironcoli oder Walter Pichler finden, führten zur – auch räumlichen – Erweiterung der Bildhauerei in Richtung Objektkunst und Concept Art. In der jungen Generation, um nur einen zu nennen, rührt etwa Erwin Wurm in seinen analytisch-reduktionistischen Arbeiten an die Grenzen und Bedingungen von Skulptur, Zeit und Raum.

Aus der allgemeinen Rezeption des Surrealismus in den allerersten Nachkriegsjahren, den man weniger aus direkter Anschauung als vielmehr vom Hörensagen kennenlernte, entwickelte sich die zeitweilig höchst erfolgreiche ›Wiener Schule des Phantastischen Realismus‹ mit den Hauptvertretern Arik Brauer, Ernst Fuchs, Rudolf Hausner, Wolfgang Hutter und Anton Lehmden. Man gewann bald Klarheit darüber, daß die Wiener Phantasten etwas anderes machten, als die Väter des Surrealismus gemeint hatten. Als extremes Reservat der gegenstandsbezogenen Malerei steht diese Richtung mit ihren altmeisterlichen Arbeitstechniken und inhaltlichen Absichten in diametralem Gegensatz zu jener avantgardistischen Kunst, die nicht nur abstrahierend, sondern abstrakt sein wollte. Andererseits entdeckte Friedensreich Hundertwasser, der gegen die Diktatur des Lineals und stereotype Lebensweisen protestierte, das abstrakte Ornament als Bildthema.

Auf der anderen Seite fand nach etlichen beachtenswerten Versuchen der geometrischen Ungegenständlichkeit in Österreich eine frühe Rezeption des Informel statt. Anstelle von konzeptueller Disziplin und klar abgegrenzten Formen entstand ausgehend von Paris und New York eine Malerei, die Emotion, Vehemenz der Geste, Rasanz und Aleatorisches einbrachte. Sie wurde in Österreich frühzeitig von Maria Lassnig, in deren Meisterklasse an der Akademie die Verflechtung von Malerei und Film erfolgte, Oswald Oberhuber, dessen Spontaneität sich seither jedem Diktat eines konsequenten Stiles zu entziehen sucht, und Arnulf Rainer, der durch Übermalungen eigener und fremder Bilder international bekannt wurde, getragen. Eine konsequent informelle Aktionsmalerei entwickelten Maler wie der Kärntner Autodidakt Hans Staudacher oder der Tiroler Markus Prachensky.

In den sechziger Jahren entwickelte sich aus dem Happening der skandalträchtige ›Wiener Aktionismus‹ mit Otto Mühl, Günter Brus, Rudolf Schwarzkogler, Valie Export, Adolf Frohner und Hermann Nitsch mit seinem ›Orgien-Mysterien-Theater‹. Er liefert in seinem Versuch einer Befreiung aus konventionellen Zwängen als Beitrag Österreichs zu den revolutionären Umbrüchen des Jahres 1968 ein vielbeachtetes Konzept mit tabubrechendem und oft schonungslosem Körpereinsatz. Die meisten Grenzgänger und Außenseiter verstehen Kunst explizit als politisches Statement. Eine der Konsequenzen war auch, daß 1983 die Freiheit der Kunst in das österreichische Grundgesetz aufgenommen wurde. Eine weitere Hauptströmung der österreichischen Kunst nannte Karl Diemer 1969 ›Wiener Naturalisten‹ und meinte damit Maler wie Fritz Martinz oder Georg Eisler und den Maler-Bildhauer Alfred Hrdlicka.

Im Zusammenhang mit der internationalen Wiederkehr der expressiv-figurativen Malerei und der Restitution des Mediums Tafelbild in den achtziger Jahren sind Maler wie Christian Ludwig Attersee und die sogenannten ›Neuen Wilden‹ zu sehen: Siegfried Anzinger, Erwin Bohatsch, Alois Mosbacher, Hubert Schmalix und andere.

Doch viele dieser Entwicklungen lassen sich derzeit nur ansatzweise aus dem Sammlungsbestand der österreichischen Galerie veranschaulichen. Als im Jahr 1962 das neu gegründete ›Museum des 20. Jahrhunderts‹ im Wiener Schweizergarten und 1979 das ›Museum moderner Kunst‹ eröffnet wurden, lenkte man die beschränkten Mittel der staatlichen Kunstankäufe vornehmlich in den Aufbau dieser Einrichtungen. Erst in den letzten zehn Jahren, als die unklare Aufgabenteilung zwischen Österreichischer Galerie und Museum moderner Kunst immer prekärer wurde, begann man im Belvedere, österreichische Kunst nach 1945 konsequent zu sammeln. Grundsätzlich wurden eher herkömmliche Vorstellungen von Malerei und Plastik tradiert, hingegen experimentelle Befragungen von gesellschaftlichen Verhältnissen und künstlerischen Bedingungen und Werke aus einem erweiterten Kunstbegriff wie Objektkunst, Video und Installationen nicht gesammelt. Die Lücken sind beträchtlich. So fehlt etwa der ›Wiener Aktionismus‹ komplett, ähnlich dürftig vertreten ist die Gruppe um die seinerzeit berühmte ›Galerie nächst St. Stephan‹ (Mikl, Hollegha, Prachensky, Rainer, Oberhuber). Und selbst wenn bekannte Namen vertreten sind, so fehlen meist noch jene zentralen Werke, wie sie die Qualität und Einzigartigkeit der Österreichischen Galerie in den älteren Sammlungen ausmachen.

Fritz Wotruba (1907-1976)
Große Sitzende (Kathedrale), 1949
Kalkstein, H: 145 cm
Inv. 4769

Die menschliche Figur steht im Mittelpunkt des Lebenswerkes von Fritz Wotruba. Gleichzeitig wurde sie durch seine prägende Persönlichkeit sowohl als Anliegen wie als Aufforderung und Prüfstein zugleich zu einer Konstanten der österreichischen Plastik nach 1945, die schon frühzeitig auch internationale Resonanz vorweisen konnte. Nach dem Ende des Zweiten Weltkriegs und nach seiner Rückkehr aus dem Schweizer Exil trieb Wotruba die architektonische Verfestigung seiner bildhauerischen Formen nach den Prinzipien von Statik und Tektonik archaisch voran. An die Stelle anatomischer Elemente setzte er Kubisches, das er dem Maß der Figur zuordnete. Die Reduktion zielte auf ein strenges Grundschema ab, in dessen Totalität von Fläche, Schnitt und Kante der Bildhauer jeden Zusammenhang mit einer individuellen Figur herausfilterte. So wurde seine Arbeit wie in seinem frühen Hauptwerk der *Großen Sitzenden* zu einem tektonischen Gleichnis, das genauso oft und ebenso berechtigt als ›Kathedrale‹ betitelt wird.

Fritz Wotruba, **Große Sitzende (Kathedrale)**

Anton Lehmden, **Sommer und Winter**

Anton Lehmden (*1929)
Sommer und Winter, 1951
Tempera auf Hartfaserplatte, 29 x 54 cm
Inv. 4626

Anton Lehmden, der in der Slowakei geboren wurde und 1945 an der Wiener Akademie der bildenden Künste zu studieren begann, zählt gemeinsam mit Rudolf Hausner, Ernst Fuchs, Wolfgang Hutter und Arik Brauer zu den Hauptvertretern der sogenannten Wiener Schule des Phantastischen Realismus. Die frühe Darstellung der österreichischen Galerie – sie ist das Werk eines 22 Jährigen – trägt bereits alle wesentlichen Züge von Lehmdens Welt- und Kunstanschauung in sich. Zwei Landzungen ziehen sich buchtenreich in die sanfte Tiefe einer urzeitlichen Meereslandschaft. Die wenigen Bäume und Sträucher sind nicht spärliche Überbleibsel menschlicher Destruktion, sondern zarte Sprosse einer Welt in statu nascendi, in der Wasser und Erde sich eben erst teilen und Sommer und Winter noch unentschieden gegenüberliegen. Aber in all den Jahrmillionen, in denen das passiert, hält das Bild ohne Eile und völlig unspektakulär nur einen Sekundenbruchteil fest. Dabei thematisierte Lehmden seine Vorstellungen von Landscha
und Schöpfungsmythos mit rein gra
phischen Mitteln und zartesten Stric
lagen. Andererseits erinnert die Darste
lung mit den schwarzen Sturmvögel
und den Luftwirbeln am Firmament i
ihrer symbolischen Weitläufigkeit an di
›Weltlandschaft‹ des 16. Jahrhunder
und besonders an die ›Donauschul
eines Albrecht Altdorfer oder Wo
Huber.

Arnulf Rainer (*1929)
Ostermorgen, 1953/54
Öl auf Leinwand, 32,5 x 48 cm
Inv. Lg 543

Noch ist der *Ostermorgen* das einzige Werk von Arnulf Rainer, das die schillernde Persönlichkeit des Malers in den Sammlungen der Österreichischen Galerie vertritt. Die strenge Komposition aus klar begrenzten Farbflächen in körperhaftem Indischrot, Blau, Gelb und Weiß entstand in einer Zeit, als sich der junge Rainer nach der Abkehr von Phantastisch-Surrealem hin zu Mikrostrukturen und Zentralgestaltungen mit der völlig andersgerichteten Ungegenständlichkeit geometrischer Prägung auseinandersetzte. Zwar war diese Phase der Beschäftigung mit Piet Mondrian und Proportionsübungen nur von kurzer Dauer, blieb aber doch von Bedeutung, weil das hier geschulte Gespür für Tektonik und Komposition auch bei Rainers wildesten Farbschlachten später nie völlig aufgegeben wurde. International bekannt wurde Rainer mit seinen Übermalungen, in denen das gleichermaßen Anarchische wie Provokante der entfesselten Pinselhiebe auch vor fremden Bildern nicht Halt machte.

Arnulf Rainer, **Ostermorgen**

Friedensreich Hundertwasser, **Der große Weg**

Friedensreich Hundertwasser (*1928)
Der große Weg, 1955
Polyvinyl-Azetat auf Leinwand,
160 x 160 cm
Inv. 5495

Meister Hundertwasser verkehrte die elementare Sprache der geometrisch-ungegenständlichen Kunst der ersten Nachkriegsjahre, der er Seelenlosigkeit vorwarf, entschieden ins Individuell-Persönliche. Formensprachlich schöpfte der Maler und Baukünstler, für den die Geometrie des Lineals zum Symbol für menschliche Entfremdung wurde, aus der Wiener Secession und dem Vermächtnis von Paul Klee. Im Bild *Der große Weg* beherrscht die Spirale als Lieblingsmotiv des Künstlers die quadratische Bildfläche, die sich aus nuklearen Anfängen nach außen fortentwickelt und doch den Bezug zum Mittelpunkt nie verliert. Ihren Zauber bezieht die großformatige und an sich raumlose Komposition, die als Schenkung des Künstlers 1962 in die Österreichische Galerie gelangte, aus der kalligraphischen Poesie des Ornaments, verbunden mit einem pulsierenden Wettstreit der Farbakkorde aus strahlendem Rot, gelben Einschlüssen und kräftigem Blau, das an den Rändern in Grüntöne übergeht.

Andreas Urteil (1933-1963)
Stehende Figur mit erhobenen Armen (›Angst‹), 1958
Bronze, H: 44,8 cm
Inv. Lg 1040

Unter den vielen Begabungen der ›Wotruba-Schule‹ zählt der mit dreißig Jahren verstorbene Andreas Urteil zu den originellsten. Er schuf vital-barocke Knorpelfiguren, die in ihrer expressiven Beweglichkeit ausgesprochen malerische Qualitäten vorweisen. Tatsächlich findet man zu seiner Plastik Entsprechungen in der informellen Malerei, jedenfalls aber in den Farbflecken (franz. ›taches‹) des Tachismus. Bei dem Werk der Österreichischen Galerie handelt es sich um einen Bronzeguß nach dem Zementguß der *Stehenden Figur mit erhobenen Armen* aus dem Nachlaß des Künstlers. Urteil verlieh seinem Werk durch das Bewegte eine Dimension, die Wotruba für sich immer ausgeschlossen hatte und der betonte: »Bewegungen waren mir gleichgültig, Grimassen sogar widerlich. Das Feste, Starre, das dem Druck der Hand nicht nachgibt, hat mich angezogen; heute würde ich sagen, es war schon sehr früh eine Passion für das Statuarische.«

Andreas Urteil, **Stehende Figur mit erhobenen Armen (›Angst‹)**

Hans Staudacher, **3x**

Hans Staudacher (*1923)
3x, 1958/59
Öl und Collage auf Hartfaserplatte,
170 x 130 cm
Inv. 8979

Als einer der konsequentesten österreichischen Vertreter der gestischen Abstraktion schuf Hans Staudacher Bilder zwischen spontaner Unmittelbarkeit und intellektuell kontrollierter Komposition. Dabei nahm der Kärntner Autodidakt das Handschriftliche, das seit Vincent van Gogh und besonders im Informel als künstlerisches Prinzip Eingang in die europäische Avantgarde gefunden hatte, wörtlich und erweiterte es zum Skripturalen. Immer mehr gab Staudacher konstruktiv geordnete Figurationen zugunsten einer dynamisch-impulsiven Niederschrift auf, die zunächst den Eindruck von Bewegung und Rasanz hinterläßt. Wie das Bild der Österreichischen Galerie anschaulich macht, war diese neue Freiheit nicht nur Befreiung des Ausdrucks, sondern auch Möglichkeit zur Verschlüsselung. Von zwei schwarzen blockhaften Zentren ausgehend, laufen skripturale Elemente über die blaßblaue Bildfläche. Für Staudacher hieß das: »Malerei und Poesie erzählen nicht mehr, sie handeln.«

:oland Goeschl (*1932)
igur in Bewegung, 1965
Iolz, blau und rot bemalt, H: 274 cm
nv. 8883

Vas Fritz Wotruba mit schweren Kuben ufgebaut hat, entwickelte sich bei seiem Schüler Roland Goeschl zur ›Figur n Bewegung‹. Die konkrete Figur im 3elvedere ist nicht nur ein Hauptwerk ler österreichischen Plastik der sechziger Jahre – sie war 1968 auf der Bienıale in Venedig ausgestellt –, sondern versucht nichts weniger als die exemplarische Verschränkung der Schwesternkünste Malerei und Bildhauerei. Mit wuchtigen Holzbalken, die er nebeneinander auffächernd zu einem schwer ausschreitenden Giganten vernagelte, gelang Goeschl eine Wendung der Konstruktion zum Dynamischen, womit er futuristische Anregungen weiterführte. Andererseits sind die Primärfarben Rot und Blau für den Bildhauer Goeschl , dessen Werke den Weg in den Umraum suchen, bis heute unverzichtbar. In der Zwischenzeit um Gelb und auch durch Grün vermehrt, steigern sie in ihrem starken, reinen Farbklang jede Dynamisierung.

Roland Goeschl, **Figur in Bewegung**

Max Weiler, **Wie eine Landschaft, das Ende der Berge**

Max Weiler (*1910)
Wie eine Landschaft, das Ende der Berge
1965
Eitempera auf Leinwand,
90 x 130 cm
Inv. Lg 654

Max Weiler, der 1910 in Tirol geboren wurde, gilt heute schon allein durch sein Alter als der Doyen der österreichischen Malerei. Zwischen fontänenhaftem Hervorbrechen und tiefen Felsschluchten führt er in Gefilde, die ebensoviel mit der Bergwelt seiner Tiroler Heimat wie assoziativer Eigendynamik zu tun haben. Auf weißem Kreidegrund, der über weite Strecken frei mitspricht, verdichten sich flüssige Farbkaskaden in nuancenreichem Ocker und Grün. Seit dem Zweiten Weltkrieg bis heute ist der Topos Landschaft für Weiler Anliegen und Maßstab seiner Kunst. Wenn auch formal völlig anders, gestaltete er der Einstellung nach in Übereinstimmung mit Paul Cézanne seine Bilder nicht nach der Natur, sondern parallel dazu. Weilers Bilder sind aus der Erinnerung gemalt und begnügen sich mit der Andeutung landschaftlicher Situationen, die manchen Interpreten immer wieder deutliche Parallelen zur altchinesischen Tusch-Malerei herstellen ließ. Der Maler, der 1964 als Lehrer von Tirol an die Wiener Akademie übersiedelte, schuf in den sechziger Jahren am Höhepunkt seiner Schaffenskunst seine zentrale Bildfolge, die er *Wie eine Landschaft* betitelte. Diese Phase zwischen 1961 und der Arbeit am Eisernen Vorhang für das Tiroler Landestheater 1967 muß »jenseits der Erscheinung gefühlt und entdeckt werden« (Otto Breicha).
Weiler bereichert in seiner Sonderstellung die österreichische Kunst nach 1945 um einen Beitrag, dessen zentrales Anliegen der Landschaftsdarstellung über die Grenzen Österreichs hinaus Bedeutung hat.

Maria Lassnig (*1919)
Doppelselbstporträt mit Kamera, 1974
Öl auf Leinwand, 180 x 180 cm
Inv. Lg 842

Maria Lassnig, die altersbedingt 1990 ihre Stelle als Lehrerin an der Hochschule für Angewandte Kunst aufgab, gilt unbestritten und schon seit langem als die bekannteste Künstlerin Österreichs. Alle Werke von Lassnig, die 1968 für zehn Jahre nach New York übersiedelte, wo auch ihr Doppelbildnis entstand, kreist leitmotivisch um Körpergefühl und dessen Umsetzung in Malerei. Zwar gehörte die Künstlerin gemeinsam mit ihrem damaligen Lebensgefährten Arnulf Rainer und anderen schon Anfang der fünfziger Jahre zu den frühesten Vertretern des österreichischen Informel, kehrte aber besonders in den USA zu expressiv-figurativen Ausdrucksformen zurück. In ihrem *Doppelselbstporträt* figuriert sie mit Kamera realistisch auf dem Bild im Bild, das an der Wand hängt. Als experimentelle Filmerin und Professorin an der Wiener Hochschule installierte sie 1981 in ihrer Meisterklasse ein Studio für Zeichentrickfilm. Aber nur das Auge der Linsen richtet sich auf den Bildbetrachter, während Lassnigs Gesichtsausdruck kaum benennbarer ist und durch das verzerrte Gesicht als Kauernde nicht eindeutiger wird. Mit Hilfe einer eigenen Farbigkeit und durch Deformation und ironisch-kritische Umwälzungen formuliert Lassnig in ihren body-awareness-paintings Distanz gegenüber dem eigenen Ich, worin durchaus auch Tragik und Pathos aufscheinen können.

Maria Lassnig, **Doppelselbstporträt mit Kamera**

Franz Ringl, **Die Manipulierte**

Franz Ringl (*1940)
Die Manipulierte, 1979
Mischtechnik auf Papier, auf Holzfaserplatte kaschiert, 150 x 120 cm
Inv. 8506

Eine aus vier Augen blickende Domina mit Strapsen, ausgezehrten Brüsten und elektrisiertem Haar steht als nackte Körperlichkeit soweit im Vordergrund, daß Extremitäten und alles andere wie beim prähistorischen Kultbild der *Venus von Willendorf* zurücktreten. Und doch sind Absicht und Effekt gegenteilig. Ringls urinierende Frau bannt männliche Wunsch- und Angstvorstellungen und ist Malerei ›aus dem Bauch heraus‹. Als konventionsungebundener Beitrag zur ewigen Diskussion um das Menschenbild gehören Ringls Visualisierungen in einen Grenzbereich von neurotisch-regressiver Triebhaftigkeit und Lust an der künstlerischen Entäußerung mit der verschlungenen Nabelschnur als Entfremdungsmetapher. Mit dem Gewaltsamen geht das Auswischen, Wegkratzen und Übermalen der Gestaltungsweise einher. Der ›schöne‹ aperspektivische Raum mit dem Pompejanisch-Rot der Wand – oder ist es Plüschrot – und die Karikatur an der Wand, die das Entsetzliche der Frau relativiert, lassen andererseits gemeinsam mit dekorativen Elementen, etwa im Sofa, an die Wiener Ornamentgläubigkeit genauso denken wie an Autistisches.

ubert Schmalix (* 1952)
hristus I, 1992
)l auf Leinwand, 172 x 133 cm
v. Lg 1090

)as Werk von Hubert Schmalix, einem er Hauptvertreter neoexpressiver Ma-
erei der Gegenwart in Österreich, wird on drei Themenkreisen bestimmt. Ne-
en Aktdarstellungen des weiblichen örpers entstehen zu Beginn der eunziger Jahre schematisiert durch-
omponierte Häuserbilder. Den dritten ereich bilden sakrale Themen. Die useinandersetzung mit Christus führt u einer variantenreichen Bildserie.

Christus I vermittelt ein sich in kleinteiligen, ineinander verschobenen Farbflächen verfestigendes Urbild des Erlösers. Der vorherrschende Eindruck des vertikalen Aufbaus der Figur in der Bildmitte, gezeigt in Profilansicht, wird durch farbflächiges Arbeiten harmonisiert. In dieser Darstellung, einer Wesensdurchdringung, die über bloßes Abbilden hinausgeht, vermischen sich europäische und außereuropäische Einflüsse. Die Strenge frühchristlicher Christusdarstellungen wird hier idolhaft paraphrasiert, um dem an sich Undarstellbaren inhaltlich nahezukommen.

ubert Schmalix, **Christus I**

Das Gustinus Ambrosi-Museum und das Atelier im Augarten

Vom Bereich der Belvedere-Schlösser zwar räumlich getrennt, institutionell aber doch zusammengehörig, liegt das Museum, das dem Bildhauer Gustinus Ambrosi gewidmet ist, im Augarten im zweiten Wiener Gemeindebezirk. Die ehemaligen Atelierräume des Künstlers sind seit drei Jahren einem neuen Zweck zugeführt worden; sie dienen vornehmlich Ausstellungen junger Kunst unter der Ägide der Österreichischen Galerie.

Das Museum, in der Schlichtheit der fünfziger Jahre durch Georg Lippert errichtet, ist erfüllt von den Renaissanceträumen des Meisters, der mehr als nur mitdachte bei der Gestaltung seines Wunschprojektes, dessen Eröffnung im Jahre 1978 er nicht mehr miterleben konnte. Bei Bildhauermuseen denkt man an das Berthel-Thorvaldsen-Museum in Kopenhagen, das Rodin-Museum in Paris, hehre Kunsttempel für große Bildhauerei. Zeitgemäße Bildhauermuseen versuchen den speziell gewürdigten ›Stammbildhauer‹ den modernen Zeitströmungen gegenüberzustellen: Im Augarten wurde die Chance genutzt, und es stehen einander in den zugehörigen und doch getrennten Atelierräumen althergebrachte Bildhauerarbeiten im Museumstrakt und neue Kunst, sei es in Form von Sonderausstellungen, in spontanen, kurzfristigen Aktionen oder im Rahmen von anderen Veranstaltungen gegenüber: Die Atelierräume sind von neuem Leben erfüllt, der gesamte Komplex ist von der Natur ausgezeichnet durch viel Licht, das als Nordlicht die Gleichmäßigkeit der Beleuchtung gewährt, durch das Grün alter Platanen, seltener Bäume und exotischer Büsche.

Das Ambrosi-Museum gehört seit 1978 als viertes Museum zur Österreichischen Galerie. Das bildhauerische Schaffen Ambrosis findet vor allem in der Porträtkunst mit Bildnissen bekannter Künstler, Politiker und Päpste sowie in Ideenkompositionen wie dem *Promethidenlos*, *Ikaros* oder *Kain* seinen Ausdruck. Die ausgestellten Werke sind Bronze- oder Marmorarbeiten; zugehörig sind die vom Künstler selbst bestimmten und zum Großteil kostbaren Steinsockel.

Gustinus Ambrosi, **Stephan Zweig**

Gustinus Ambrosi (1893-1975)
Stephan Zweig, 1913
Bronze, H: 41,5 cm
Inv. Nr. A 6

Der Porträtkopf stammt aus der frühen Zeit des bildhauerischen Schaffens Ambrosis. Der österreichische Schriftsteller Stephan Zweig, der zur Zeit der Entstehung dieser Büste sein Werk ›Der verwandelte Komödiant‹ geschrieben hatte, mußte 1938 nach England, 1941 nach Brasilien emigrieren, wo er den Freitod wählte. Auch Ambrosi schied freiwillig aus dem Leben, allerdings wesentlich später und unter ganz anderen Umständen (1975 in seinem Atelier). Mit sieben Jahren ertaubt, studierte er nach dem Besuch der Prager Kunstgewerbeschule an der Staatsgewerbeschule in Wien und vervollkommnete seine Studien bei Edmund von Hellmer, Joseph Müllner und dem greisen Caspar von Zumbusch, durch den er zur Tradition der österreichischen Bildhauerei besonderen Zugang fand.
Der persönliche, lyrische Ausdruck, der durch die Neigung des feinsinnigen Kopfes Stephan Zweigs entsteht, ist charakteristisch für diese Schaffensperiode Ambrosis ab etwa 1909 bis Anfang der zwanziger Jahre.
Mit dem allgemeinen Ruhm und der öffentlichen Anerkennung kam es zu einer Verflachung und Verallgemeinerung seiner Kunst.

Herausgeber:
Österreichische Galerie · Belvedere

Auf dem Umschlag:
Gustav Klimt, Bildnis *Adele Bloch-Bauer I*, 1907
Frontispiz:
Richard Gerstl, *Lachendes Selbstbildnis*, 1908 (vgl. S. 146)

Fotoaufnahmen: Fotostudio Otto, Wien

Prestel-Verlag
Mandlstraße 26
D-80802 München
Telefon 0 89-38 17 09-0
Telefax 0 89-38 17 09 35

Gestaltung & Satz: Wigelprint, München
Lithographie: ReproLine, München
Druck und Bindung: Passavia, Passau

Printed in Germany
ISBN 3-7913-1467-X